KB215595

FART

OR THE TEATH

**닐스 안데르센의
영화 편집 수업**

초판 1쇄 인쇄   2022년 9월 11일
초판 1쇄 발행   2022년 9월 19일

지은이   닐스 파그 안데르센
옮긴이   조효진

기획   DMZ국제다큐멘터리영화제
편집   김현호 김수현
디자인   스튜디오 유연한

펴낸 곳   주식회사 보스토크 프레스
펴낸이   김현호
등록   2016년 9월 7일 서울 제 25100 – 2016 – 000075호
주소   서울시 마포구 어울마당로 130, 3층 398호

홈페이지   www.vostokpress.net
전화   02 – 333 – 6602
팩스   02 – 335 – 4627
이메일   vostokon@gmail.com

ISBN   979 – 11 – 7037 – 047 – 5 (03680)
값   17,000원

닐스 안데르센의

영화 편집 수업

ORDER IN CHAOS

Niels Pagh Andersen

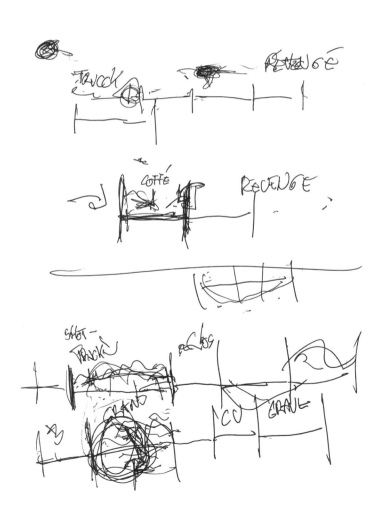

차례

009 들어가며 – 혼돈에서 이야기로

013 영화를 향한 여정
021 어떻게, 그리고 왜 이야기하는가
030 영화와 삶을 저울에 올리기
041 말로 할 수 없는 것을 그려내는 일
053 편집실에서 멋진 춤을

077 죽음 – 삶의 한 부분
091 독일인의 비밀
107 비행 – 자유 여인의 고백
119 우울한 방 세 개
131 액트 오브 킬링
151 침묵의 시선
169 모가디슈 솔저
191 유랑하는 사람들

213 다큐멘터리, 이야기, 그리고 세계
222 나가며 – 세상 속에서 살아간다는 것

227 감사의 말
230 주요 작품
235 수록 영화 정보
242 역자 후기

일러두기

들어가며 - 혼돈에서 이야기로

우리 인간들은 혼돈을 좋아하지 않습니다. 우리는 연관성과 논리, 그리고 질서를 원합니다. 인간이 이야기를 만들어내는 것은 그 때문입니다.

인생은 이해하기 어렵습니다. 반복과 우연, 의미 없는 부조리로 채워져 있고 불안과 혼돈을 초래합니다. 그렇기에 우리는 질서를 부여하고, 정돈하고, 잡다한 것들을 제거하여 삶에 의미를 부여합니다. 즉 우리는 이야기를 통해 우리 자신과 삶을 이해하려 합니다.

영화 편집자로 40년을 살아오면서, 저는 줄곧 영화를 통해 이야기를 전해 왔습니다. 오랜 시간 일하며 많은 것을 경험했고, 촬영된 원본 필름을 보면서 완성될 영화의 특별한 표현 형식과 특징을 발견해내는 법을 배우기도 했습니다.

하지만 더 중요한 것은 개별 영화를 더 큰 맥락에서 볼 수 있는 넓은 시야를 얻었다는 점입니다. 그렇게 저는 최근 몇 년간 우리가 왜 특정한 방식으로 이야기를 해왔는지를 생각해보게 되었습니다. 40년 전에는 지금과는 다른 방식으로 이야기를 했습니다. 어떻게 그럴 수 있었을까요? 어쩌면 우리가 이야기를 전하는 방식은 인간들이 어떻게 스스로를 바라보는지, 또 우리가 사는 세상과 삶을 어떻게 바라보는지에 대한 관점일지도 모르겠습니다. 바로 이것이 제가 이 책을 통해 탐구해보려는 것이기도 합니다.

이 책은 다큐멘터리 영화에 초점을 맞춥니다. 저는 다큐멘터리 영화 편집자로 일하면서 바닥에서부터 이야기를 쌓아 올리는 일을 해왔습니다. 지금부터 저는 영화 편집자나 감독이 편집실에서 하는 예술적 실천에 대해 탐구해볼 생각입니다. 즉 편집실의 문을 열면서 시작되는 환상적이지만 어려운 여정에 대해 이 글을 통해 이야기하려 합니다. 그것은 가공되지 않은 날 것 그대로의 자료들에서 시작해 하나의 이야기, 하나의 영화로 마무리되는 여정입니다.

책의 처음 다섯 챕터는 제가 영화 편집자로 일할 때 활용하는 기본적인 원리와 방법을 간략하게 다룹니다. 이를 보충하기 위해 이어지는 개별 영화의 사례들에서는 제가 지난 30년간 작업했던 여덟 편의 영화를 바탕으로 각각의 구체적인 편집 과정들을 파헤쳐볼 것입니다.

저는 이 책을 처음 구상했을 때부터 별도의 웹사이트를 통해 시각 자료를 제공할 생각이었습니다. 이 사이트에서 제가 책에서 언급하는 영화들의 발췌된 클립을 보실 수 있습니다. 또한 모든 창작 과정에서 진행되는 중요한 대화들을 느끼실 수 있도록 영화 감독들과 제가 나눈 대화들을 녹화해서 올려두었습니다.

이 책에서 다룬 영화들은 영화적 수준이 높을 뿐만 아니라, 표현과 형식이라는 측면에서 개별 작품을 넘어서는 하나의 예시로 다룰 만합니다. 나아가 이 작품들은 지난 40여 년간의 다큐멘터리 제작 경향을 드러내고 있기도 합니다.

저는 제가 참여했던 영화들의 편집 과정에 대해 쓰면서, 어떤 경우에는 전체 편집 과정을 통합적으로 설명하기보다는 특정한 주제에 초점을 맞추었습니다. 영화가 편집실에 도착하기 전까지 수많은 사람들(촬영감독, 음향 기술자, 연구자, 프로듀서 등)이 자신의 전문적 기술과 예술적 재능을 활용해 감독과 제가 이어받아 작업할 자료들을 생산합니다. 그리고 제가 편집을 마무리하면, 작곡가, 사운드 디자이너, 색보정 기술자들이 영화를 완성하는 협업을 이어갑니다. 제가 어떤 이들의 작업을 이 책에서술하지 않았다 하더라도, 함께 영화를 만들어나가는 모든 이들에 대해 제가 아주 깊은 존경심을 갖고 있다는 점을 밝히고 싶습니다.

마지막으로, 이 책을 통해 저는 영화를 이야기하는 한편, 편집자로서 저의 발전 과정을 더 큰 내러티브의 일부로서 바라보려 시도했습니다. 바로 '지난 40년간 세계가 어떻게 변화했는가'라는 질문, 또 이와 함께 '우리가 스스로를 바라보는 방식, 이야기를 전하는 방식이 어떻게 변했는가' 하는 것입니다. 제가 선택한 사례들은 대부분 내용과 형식 모두에 있어서 전통적인 스토리텔링의 규칙들을 부수는 영화들입니다.

이 책은 학술서가 아닙니다. 제가 연구자가 아니기 때문입니다. 저는 영화 학교에 다닌 적도, 이론적인 교육을 받은 적도 없습니다. 제 지식은 영화 편집자로서의 실용적인 경험들에 근거하고 있고, 행동으로 부딪혀가며 배운 것들입니다.

25년 전, 저는 편집자로 일하면서 사람들을 가르치게 되었습니다. 이 경험은 아주 큰 성장의 계기였습니다. 저는 제 안에 '숨겨져 있던' 지식을 눈에 보이는 것으로 만들어야 했습니다. 어떤 한 장면이 좋았다는 말로는 부족했고, **왜** 그것이 좋았는지를 설명해야 했습니다. 저는 편집실에서 해온 일들을 표현할 언어를 익히기 시작했습니다. 이를 통해 제 작업을 정제하고 변화시킬 수 있는 능력을 얻게 되었고, 더 나은 편집자가 될 수 있었습니다. 가르치는 일을 통해 저 역시 무언가를 배웠습니다.

이 책은 40년간 제가 해온 일을 더욱 현명하게 돌아보고, 말로 표현하기 위해 노력하는 배움의 과정을 이어나가는 작업입니다. 이 책을 집필하면서 저는 어떤 딱딱한 결론이나 시스템에 도달한 것이 아니라 새로운 발견을 거듭했습니다. 이 책은 누군가에게 영화를 편집하는 법이나 이야기를 전달하는 방법을 알려주는 실용서가 아닙니다. 만약 그런 일에 정해진 레시피가 있다고 한다면, 저는 내일이라도 당장 편집자로 일하는 것을 그만둘 것입니다.

저는 영화를 공부하는 학생이나 창작자들이 이 책을 거울처럼 사용해 제 경험을 들여다보며 자신의 모습을 발견하고, 각자의 고유한 성격과 예술적 관점을 통해 자신만의 영화를 만들 수 있는 통찰을 얻기를 희망합니다. 물론 영화에 관심 있는 일반 독자도 환영합니다. 여러분이 이 책을 통해 다큐멘터리 영화와, 그것을 만드는 매력적인 과정을 더욱 깊게 이해할 수 있길 바랍니다.

영화를 향한 여정

이 책은 영화 편집과 영화적 스토리텔링이라는 예술에 대한 탐구인 동시에, 40년간 이어진 제 여정이기도 합니다. 그 시간 동안 영화적 표현과 우리가 살고 있는 세상은 큰 변화를 겪었습니다. 또 당연한 일이지만 저도 개인적으로 성장했습니다.

이 여정은 제가 열다섯 살이었을 때 시작합니다.

영화라는 마법에 빠지다

중학교 때 영화에 관한 수업을 들었습니다. 수업에서는 히치콕, 베리만, 폴란스키의 영화들을 보기도 했지만 8mm 필름 카메라를 가지고 직접 단편을 만들기도 했습니다. 제 친구들 대부분은 원 테이크로 촬영한 영화를 만들었습니다. 예를 들면, 사악한 외모의 소년이 출입구에 칼을 들고 서서 지나가는 동급생들을 방으로 끌고가 칼로 찔러 반의 학생들을 절반쯤 죽이고 시체를 쌓아두는, 주로 롱 숏으로 찍은 영화였습니다. 많은 면에서 이것들은 무성 영화 시대의 짧은 슬랩스틱 '원 릴러'를 연상시켰고, 만드는 건 재미있었지만 보는 이들에게 대단한 감흥을 주지는 못했습니다.

내 친구 프랭크와 저는 조금 더 야심이 있었습니다. 우리는 뺑소니 운전자가 등장하는 심리극을 만들었습니다. 차 사고가 드라마의 절정을 이루는 작품이었습니다. 우리는 아래의 개별적 테이크를 쌓아올려 하나의 장면을 완성했습니다.

— 한 남자(영화 수업 선생님)가 차를 운전한다
— 남자는 속도를 올린다 (차량 계기판)
— 한 소년이 어머니에게 손을 흔들며 인사하더니

(프랭크와 그의 어머니) 부주의하게 주변을 살피지
않고 길을 건넌다
—   남자의 공포에 빠진 표정
—   멈추는 바퀴
—   소년이 차의 보닛 위로 구른다
—   발이 가속 페달을 밟는다
—   차가 운전해서 사라진다
—   소년이 도로에 누워 있다

이 짧은 장면들은 순진하고 뻔하지만, 제가 성장하는 데 아주 중
요한 경험이 되었습니다. 프랭크와 제가 함께 이미지들을 잘라
내고 신나서 서로를 바라보았던 순간은 영원히 잊을 수 없을 것
입니다.

이게 되잖아!

실제로는 일어나지 않았지만 보는 이들의 머릿속에서 창
조되는 어떤 것을, 우리가 만들어낸 것입니다. 이 순간에 저는
영화라는 마법의 힘을 이해했고, 영화 일을 하겠다고 결심했습
니다.

영화 편집자들은 신이다

학교를 졸업하고 저는 여러 영화감독과 촬영감독, 전문가들에
게 연락을 했습니다. 그들은 대부분 친절한 말로 열여섯 살 소년
을 거절했습니다. 하지만 어떤 감독은 제게 덴마크 출신의 편집
대가인 크리스티안 하르트코프(Christian Hartkopp)에게 연락해
보라고 했습니다.

크리스티안에게 전화했을 때 그는 세 달 뒤 다시 전화를 달라고 했고, 세 달 뒤에 저는 또 똑같은 대답을 들었습니다. 그러는 동안 저는 또래들이 축구나 록 음악에 매진하듯이 영화에 매달렸습니다. 덴마크 극장에 걸리는 거의 모든 영화를 보았고, 별로 많지는 않았지만 영화에 관해 덴마크어로 적힌 글이라면 뭐든지 찾아 읽었습니다. 영화계에서 일할 기회가 왔을 때 임금을 받지 않아도 되도록 조명 공장에서 일하며 돈을 모아두기도 했습니다. 세 번째로 크리스티안에게 전화했을 때, 그는 갑자기 자신이 일하던 스튜디오로 저를 초대했습니다.

운이 좋았습니다. 크리스티안은 장편 영화에 막 착수한 참이었고 조수가 필요했습니다. 저는 영화의 편집 감독이 된다는 것이 영화에 대한 깊은 이해와 드라마투르기에 대한 총체적인 지식, 예술적인 직관, 리듬 감각, 그리고 굉장한 사교성이 필요한 일이라는 것을 금세 깨달았습니다. 편집자들은 신처럼 느껴졌고, 저의 능력은 여실히 부족했습니다.

저는 덴마크에서 제일가는 보조 편집자가 되기로 마음을 바꿔먹었습니다. 기적을 창조해내는 사람들 가까이에서 일하며 내게는 세상에서 가장 중요한 일이었던 '영화'에 참여하고자 했습니다. 당시 덴마크에는 영화 편집을 정통으로 배울 수 있는 곳이 없었습니다. 하지만 이제 저는 크리스티안을 비롯해 야누스 빌레스코우 옌센(Janus Billeskov Jensen), 안데르스 레픈(Anders Refn)과 같은 뛰어난 덴마크 편집감독들과 일하게 된 것입니다. 정식 교육 과정이 없다는 바로 그 이유 때문에, 많은 편집자들이 자신의 지식을 조수들에게 전수해주는 비공식적인 멘토링이 일종의 전통이라면 전통이 되어 있었고, 저는 매우 훌륭한 선생님들을 만난 것이었습니다.

보조 편집자로 일한 지 몇 년 뒤, 어느 날 크리스티안에게서 전화가 한 통 왔습니다. 그는 제가 편집을 맡았으면 하는 작품이 있다고 했습니다. 저는 스스로 아직 준비가 되지 않았다고 느꼈지만, 크리스티안은 제가 준비되었다고 생각했습니다. 그는 저를 신들의 왕국으로 불러들였습니다.

텅 빈 사람이 되다

훌륭한 선생님들이 있었고 그들이 일하는 모습을 어깨너머로 지켜봤지만, 영화를 혼자 마주하는 일은 완전히 달랐습니다. 사람은 실수를 통해서 배운다지만, 전문 편집자로 고용된 이상 제게 실수는 용납되지 않았습니다. 배우는 **동시에 저의 기량을 보여주어야** 했습니다. 힘든 시간이었지만, 저는 촬영본을 훑어보는 동안 한 편의 영화가 머릿속에 떠오르는 커다란 기쁨을 느끼곤 했습니다.

그 이후로 몇 년간 편집 일이 들어오면 뭐든 가리지 않고 받았습니다. 인포머셜 영상, 광고, TV 다큐멘터리, 단편들… 모든 종류의 영상물이었습니다. 내용은 중요하지 않았습니다. 영상을 통해 이야기를 전달하는 법을 배우는 것이 중요했습니다. 앞서 말한 것처럼, 저는 행동으로 부딪혀가며 배웠습니다.

제게 주어진 모든 작업을 받아서 했지만, 그럼에도 언제나 장편 극영화가 제게 '딱 맞는 일'이라고 생각했습니다. 다른 영상들은 제가 언젠가 장편 극영화를 편집할 수 있기를 바라며 연습하는 일이었습니다. 부단한 노력을 했고, 일이 잘 풀려서 저는 스물네 살에 처음으로 장편 영화를 편집하게 되었습니다.

당시 스칸디나비아반도의 영화 산업은 각 국가를 중심으

로 굴러갔습니다. 영화는 자국의 내수 관객을 위해 만들어졌고, 산업 자체도 규모가 작아 모두가 서로를 아는 업계였습니다. 영화인들이 다큐멘터리와 극영화에서 분야를 가리지 않고 일하는 것도 꽤나 일반적인 일이었습니다. 하루는 노르웨이에서 전화가 와서 제게 사미(Sami)어로 된 첫 장편 영화를 편집할 생각이 있느냐고 물어왔습니다. 촬영 기간 중에 편집을 해야 하는 일이었습니다. 일정은 비어 있었고, 아주 흥미진진한 일일 것 같아 저는 대본도 읽지 않고 3주 뒤 북노르웨이로 가는 비행기를 탔습니다.

그 영화는 닐스 게우프(Nils Gaup) 감독의《패스파인더 Pathfinder》였습니다. 노르웨이에서뿐만 아니라 전 세계적으로 대단한 성공을 거두었고, 아카데미 시상식에서 외국어영화상 부문 후보로 오르기도 했습니다. 이 성공은 제게 더 많은 일을 가져다주었고, 젊은 영화인들이라면 누구에게나 필요한 자신감을 불어넣어주었습니다.

아카데미상 후보가 된 것을 계기로《패스파인더》팀은 할리우드에서《행운의 난파선Shipwrecked》이라는 영화를 만들게 되었습니다. 저는 피지로 가서 또다시 촬영 기간 중에 편집을 해야 했습니다. 집에서 멀리 떨어진 곳에서 엄청난 압박감 속에 반 년 이상을 보내며 저는 점점 지쳐갔습니다. 영화가 마무리될 무렵에는 완전히 번아웃 상태가 되었습니다.

덴마크의 집으로 돌아온 뒤, 저는 당시《바베트의 만찬 Babette's Feast》으로 아카데미상을 수상한 가브릴 악셀(Gabriel Axel) 감독에게서《크리스티안Christian》이라는 영화의 편집을 제안받았습니다. 저는 이제 유명 편집자였습니다. 그러나《크리스티안》의 작업 과정은 악몽과도 같았습니다. 대본을 읽자마자 엉망이라는 것을 파악할 수 있었음에도, 저는 아카데미상과 아첨에 넘어가 제안을 수락했던 것입니다.

그즈음 저는 사생활이랄 것이 없었고, 몇 가지 개인적 문제들까지 겪고 있었습니다. 가까스로 영화 편집을 끝냈지만, 이 영화는 비평적으로도 상업적으로도 실패작이었습니다. 하지만 더 심각한 것은 제가 영상을 통해 이야기를 전하는 데 열정을 잃었다는 사실이었습니다. 연애사나 가족보다 일을 우선시하게 만들었던 그 열정을.

그동안 영화 편집을 위해 자신을 완전히 버렸는데 저는 어떤 이야기도 남아 있지 않은 텅 빈 사람이 되었습니다. 술버릇은 점점 통제를 벗어났고, 저는 믿고 일을 맡길 수 있는 사람이 아니었습니다. 작업 제안도 자연스럽게 줄어들었습니다.

마법이 사라진 것입니다.

다큐멘터리에서 다시 발견한 영화의 마법

스토리텔링의 세계에서 위기는 변화를 만들어냅니다. 이것은 현실 세계에서도 동일합니다. 장기적으로 봤을 때 위기는 결국 더 나은 모습으로의 변화를 이끌어내지만, 그 한가운데 있을 때는 결코 즐겁지 않습니다.

저는 영화가 주는 마법 같은 감동과 제 삶의 목적에 대한 믿음을 잃어버렸습니다. 저는 정식 교육을 받지 않은 30대 초반이었고, 월세를 내야 했습니다. 제가 아는 유일한 것은 영화를 편집하는 방법이었지만 더 이상 극영화 작업 제안은 들어오지 않았습니다. 저는 막 시작했을 때와 같은 위치로 내동댕이쳐졌고, 들어오는 일이라면 무엇이든 해야 했습니다.

그때 다큐멘터리 작업은 제게 다시 영화라는 마법을 불러왔을 뿐 아니라 편집과 이야기 만들기에서 느끼는 기쁨을 되살려주었습니다. 극영화의 세계에서 저는 영화의 언어와 기술을 모두 섭렵했습니다. 하지만 제가 쏟아붓는 것에 비하면 돌려받는 것은 매우 적었습니다.

'다큐멘터리 영화'는 현실에서부터 출발하는 영화를 부르는 넓은 개념입니다. 하지만 '다큐멘터리'라는 명명은 이런 영화들이 그 자체로 '진실'이라는 가치를 담고 있다는 오해를 받게 하며, 제가 보기에 여기에는 문제가 있습니다. 이 이름은 저널리즘적 사생활 캐기에서부터 예술적 실험, 또 평소보다 긴 뉴스 보도나 자연을 다룬 영화에 이르는 모든 것을 가리키고 있기 때문입니다.

다큐멘터리 영화를 규정하는 것은 어쩌면 '객관적 진실'이 아니라, '현실에 대해 우리가 공유할 수 있는 주관적 해석' 같은 것일지 모릅니다. 다큐멘터리라는 이름은 너무나 광범위한 것을 가리킬 수 있기 때문에 단어 자체가 갖는 의미가 거의 없다고 할 수도 있습니다. 하지만 그것이 또한 바로 다큐멘터리의 힘이기도 합니다.

장편 극영화는 프로덕션부터 배급 단계까지 전체 업계가 동의하는 명료하게 정의된 장르와 전통을 갖는 반면, 다큐멘터리 영화는 매우 큰 예술적 자유를 선사하며 감독과 편집자 모두에게 현실을 주관적으로 해석할 수 있는 여지를 제공합니다.

종종 다큐멘터리를 편집하는 일은 극영화 편집보다 힘듭니다. 대본이 있는 경우가 별로 없고, 현실은 복잡하며 예측 불가능하기 때문입니다. 거기에 더해, 다큐멘터리 원본 영상들은 보통 극영화보다 훨씬 양이 방대합니다. 이 때문에 수많은 가능성이 열리기도 하지만, 반대로 길을 잃을 가능성도 커집니다.

　　다큐멘터리 영화를 편집할 때는, 단순히 2년 전에 쓰인 이야기에서 균형을 잡아내는 것이 중요한 것이 아닙니다. 현실 속을 적극적으로 뒤져 이야기를 찾아내야 합니다. 현실 세계와 교감해야 하지만, 세상이 어떠해야 한다고 생각하는 제 선입견을 끌어들여서는 안 됩니다. 그 현실이 우리에게 어떤 입장을 선택하라고 자연스레 강요할 것이기 때문입니다.

　　다큐멘터리의 세계에서 저는 자신이 촬영하는 대상과 인물, 그리고 우리가 사는 세계와 깊은 관계를 맺는 감독들을 많이 보았습니다. 다큐멘터리 작업을 하면서 저는 많은 것을 되돌려받았습니다. 단지 어떻게 이야기를 전할 것인지가 아니라 세상과 삶, 그리고 자신에 대한 새로운 것들을 배운 것입니다. 저는 극영화 작업을 하며 편집이라는 악기를 연주하는 법을 배웠지만, 다큐멘터리를 통해 편집자로서의 목소리 그 자체를 찾게 되었습니다.

　　영화라는 마법을 새로이 발견한 것입니다.

어떻게, 그리고 왜 이야기하는가

선형적 스토리텔링과 드라마투르기는 오랜 시간 동안 영화 제작 과정을 지배해왔습니다. 영화가 세계 시장을 무대로 하기 때문에 여러 나라의 관객들과 소통하려면 몇몇 동일한 모델들을 사용해야 한다는 사실이 그 주된 이유입니다.

하지만 저는, 드라마투르기 자체에 우리가 구체적으로 논의할 수 있는 개념과 모델이 존재하기 때문이라고도 생각합니다. 반면 실제로는 영화의 가장 큰 힘이라고 할 수 있는 이미지, 서브텍스트(subtext), 휴지(休止, pause), 행간의 모든 것들은 언어로 표현하기 훨씬 힘듭니다.

영화 학교에서는 드라마투르기를 가르치기가 쉽습니다. 완성된 모델을 통해 배우는 '정확한 과학'이기 때문에, 여기에 비추어 학생들에게 무엇이 옳고 무엇이 그른지를 말해줄 수 있습니다. 하지만 주관적인 감각과 직관으로 쌓아올리는 것들, 예를 들면 영화의 리듬이나 서브텍스트 같은 것들은 훨씬 가르치기 어렵습니다.

영화를 만드는 데에는 돈이 많이 들기 때문에 영화 제작은 큰 위험을 감수하는 일입니다. 그 때문에 투자자들(영화 관련 기관, 방송국, 스트리밍 서비스 업체, 배급사 등)은 모두 드라마투르기에 집중합니다. 좋은 드라마투르기는 안정감을 주고, 최종적으로 좋은 영화가 만들어질 것이라는 확신을 줍니다.

하지만 드라마투르기는 우리 창작자들이 사용할 수 있는 많은 도구 중 하나일 뿐입니다.

정서적 경험으로서의 영화

우리는 이야기를 할 때 세상을 가득 채운 수천만 개의 정보들을 생략하고, 아주 적은 개별 아이디어에 집중해 이해하기 쉬운 논리를 만들어냅니다. 이는 곧 현실을 편집하는 것이며, 연관성을 만들기 위해 현실을 편집한다고도 말할 수 있을 것입니다.

우리 인간이 이야기를 하는 방식 중 하나가 바로 영화입니다. 글로 쓰이거나 구전되는 이야기와 마찬가지로, 영화는 대화와 연설, 인터뷰 등으로 언어를 사용합니다. 하지만 무엇보다도 중요한 것은 영화가 행동과 이미지, 공간, 색상, 서브텍스트, 음향, 음악을 통해서 소통한다는 점입니다.

영화는 머리보다는 심장이나 내면에 호소하는 감정적인 매체입니다. 영화를 보면서 지적 경험을 할 수 없다는 말이 아닙니다. 실제 삶에서와 마찬가지로 우리는 영화를 보면서도 먼저 강렬한 정서적 경험을 한 후, 나중에야 이것을 이성적으로 되돌아봅니다. 영화를 경험하는 일은 언제나 감정에서 출발한다는 말입니다.

영화를 보면서 깊은 인상을 받았다 해도, 몇 년이 지난 후에 줄거리를 기억하는 경우는 많지 않습니다. 우리가 기억하는 것은 그 영화가 만들어낸 분위기와 감정들입니다. 영화가 정서적 매체라는 사실은 영화적 경험에 있어 전제 조건이며, 따라서 작업을 하는 우리들에게 가장 큰 숙제는 관객에게 언제, 어떻게, 그리고 왜 이런 감정을 일으킬지를 조절하는 것입니다.

영화적 내러티브의 가장 작은 요소는 프레임, 즉, 하나의 이미지입니다. 이 안에는 관객이 경험하고 처리하는 방대한 정보가 들어 있습니다. 하지만 하나의 이미지가 다른 이미지와 함께 배치될 때에야 비로소 영화적 내러티브는 진정으로 시작됩니다.

즉, 컷(cut)에서 말입니다.

영화가 탄생한지 얼마 지나지 않았던 시기에 소련에서는 영화가 관객에게 영향을 미치는 방식에 대한 많은 실험이 이루어졌습니다. 레프 쿨레쇼프는 그중 가장 유명한 실험들을 진행했습니다. 배우의 클로즈업 이미지 하나를 세 개의 다른 이미지와 붙여본 것입니다.

— 수프 한 접시
— 관에 누워 있는 죽은 아이
— 소파에 앉은 아름다운 여성

세 개의 짧은 영상은 세 개의 다른 의미를 발생시켰고, 실험 대상인 관객들은 세 가지 다른 감정, 즉 배고픔, 슬픔, 그리고 욕망을 각각 느낀다고 판단했습니다. 이 실험은 영화가 어떻게 작동하는지를 이토록 단순하게 보여줍니다. 두 개의 이미지를 붙임으로써 각각의 이미지가 내포하고 있는 의미보다 더 큰 내러티브를 관객의 마음속에서 만들어내는 것입니다. 우리 안에 연관성과 논리를 만들고자 하는 욕구가 존재하기 때문입니다.

훨씬 뒤에 진행된 다른 심리학 실험에서는, 아무 연관성이 없는 다섯 장의 이미지가 일렬로 테이블 위에 놓여 있었습니다. 실험 지원자들은 사진을 본 후, 어떤 느낌을 받았는지 질문을 받았습니다. 그들은 이미지들을 연결하는 내러티브를 만들어내어, 무작위적 이미지에 어떤 의미를 부여했습니다. 이 실험은 논리적인 이야기를 만들기 위해 이미지 사이에 있던 '공백'이 채워진다는 것을 보여줍니다.

영화는 시간의 흐름에 따라 진행되는 정서적 경험입니다. 각 이미지는 다음 이미지에 영향을 주며, 우리가 이미 알고 있는 사실에 정보가 더해지면서 점점 연관성과 논리가 생성됩니다. 이 말은 창작자들이 모든 것을 명확하게 이야기할 필요가 없음을 뜻합니다. 오히려 반대로, 관객이 영화의 스토리텔링에 적극적으로 참가하지 않는다면, 영화적 경험이 망가질 것입니다. 영화에서 얻을 수 있는 가장 위대한 경험은 관객을 영화 속으로 끌어들여 그들로 하여금 다음에 일어날 일을 기대하게 하는 것에서부터 시작합니다.

'너무 많이 말하기'와 '너무 적게 말하기'

창작자로서 우리의 임무는 '너무 적게 말하기(under-telling)'와 '너무 많이 말하기(over-telling)' 사이에서 올바른 균형을 찾아내는 일입니다. '너무 많이' 말하면 모든 정보가 명확하고 교조적으로 제시됩니다. 그 가장 확실한 예시는 설명서일 겁니다. 설명서의 목표는 경험하게 하는 것이 아니라 읽는 이로 하여금 장치의 기능을 이해하게 하는 것입니다.

그런데 영화에 '너무 많이 말하기'를 적용하면, 관객이 참여해 관람하는 경험을 가로막을 뿐 아니라, 어떤 일이 일어나고 어떻게 이야기가 끝날지를 관객이 빠르게 예측하게 되므로 영화는 지루해집니다.

반면 '너무 적게 말하기'는 정보를 최소한으로 제공합니다. 추상화 감상과 비교할 수도 있습니다. 매혹적인 감각만이 존재하는 상태에서, 해당 예술에 대한 배경 지식이 있어야 의미를 유추할 수 있다는 점에서 그러합니다.

미술 작품과는 달리 영화는 시간의 흐름에 따라 진행됩니다. 적은 정보를 전달하는 영화를 보는 관객들은 스스로 의미를 찾아 나서고, 다섯 장의 무작위 사진 실험에서 보듯이 자신만의 이야기를 만들기도 합니다. 이때 만들어지는 이야기는 창작자가 하고 싶었던 이야기일 수도 있고, 아닐 수도 있습니다. 많은 경우, 혼돈을 마주하는 관객은 그저 포기하고 스토리텔링에 참여하기를 멈춘 채 답답한 마음으로 영화를 보게 될 것입니다.

좋은 이야기를 만드는 일은 심오하고 복잡한 공정이지만, 필수 요소만 놓고 생각한다면 본질적으로 적절한 시점에 적절한 양의 정보를 제공하는 것이라고 할 수 있습니다.

'정보'라는 단어를 저는 넓은 의미로 사용합니다. 다시 말하면, 저는 영화라는 매체를 통해 전달되는 모든 시각적이고 청각적인 정보, 즉, 우리 눈과 귀가 받아들이는 모든 것을 정보라고 생각합니다.

일단 시작부터 한 단계, 한 단계 밟아 가봅시다.

영화에 오신 것을 환영합니다

영화는 관객을 어떤 경험으로 초대하면서 시작됩니다. 이 단계에서 관객은 영화에 몰입하기로 결심한 상태이기 때문에 대체로 호의적인 편입니다. 우리는 관객이 매혹되고 궁금해하도록 자극함으로써 이들을 환영해주어야 합니다.

일반적으로 영화의 도입부에서는 보는 이들에게 인물이나 줄거리에 대해 어떤 확정적인 정보를 주어서는 안 됩니다. 이것은 이후에 일어날 일입니다. 도입부에서는 영화의 스타일, 정서적인 분위기(비극, 코미디, 액션 등)와 함께 영화의 세계관을 소개해야 합니다. 극영화와 같은 장르적 관습은 없지만, 이 원리는 다큐멘터리에도 적용됩니다.

관객을 영화 속으로 초대하고 그들의 호기심을 자극한 뒤, 우리는 이제 조금 더 구체적인 정보들, 즉, 앞으로 이어질 이야기를 이해하기 위해 꼭 필요한 정보들을 내밀 수 있습니다.

— **누구**에 대한 이야기인가, 주요 인물은 누구인가, 부차적 인물은 누구인가?
— **무엇**에 관한 이야기인가, 주제는 무엇인가, 무엇이 위기에 처했는가?
— **어디**에서 영화가 펼쳐지는가, 이 영화의 물리적인 뼈대는 무엇인가?
— **언제**를 배경으로 일이 발생하는가, 영화 속에 등장하는 시간대가 여럿인가?
— **왜** 이 영화를 보는 것이 관객들에게 중요한가?

이 부분은 종종 영화의 '프레젠테이션' 섹션이라고 불리는데, 다큐멘터리를 편집하는 사람들이 자주 어려움을 겪는 단계이기도 합니다. 극영화에서는 빠르면 대본 단계에서부터 인물과 세계관에 대해 흥미롭고 효과적인 프레젠테이션을 조절하며 쓸 수 있지만, 다큐멘터리가 기반하고 있는 현실은 더 복잡하고 어지러운 데다가 기초적인 정보들을 빠르고 정확하게 제시하기가 어려운 편이기 때문입니다.

영화를 만드는 우리들은 (이미 아는 것들이기 때문에) 이 정보가 지루하다고 생각하면서, 자신이 전달하고 싶은 환상적인 이야기로 빨리 들어가고 싶어 안달합니다. 이 경우, 문제는 보통 영화가 조금 더 진행된 후에 나타납니다. 흥미로운 요소를 이해할 만큼의 정보가 관객에게 부족하기 때문에, 관객이 창작자가 하고 싶은 이야기와는 다른 이야기를 머릿속에서 대신 만들어 내기 시작하는 것입니다. 그러면 영화가 진행될수록 관객들이 혼란스러워하거나 실망하게 됩니다.

긴장을 만들어내기

우리가 보여줄 세계와 인물들을 정립했다면, 이제 이야기의 모멘텀(momentum)을 만들어야 합니다. 모멘텀은 관객들이 앞으로의 이야기를 더 보고 싶어 하도록 만드는 동력으로서, 관객이 자신을 등장인물과 동일시하며 '나라면 저 상황에서 어떻게 할까?' 질문하게 만드는 가치 있는 딜레마라고도 할 수 있습니다.

전통적인 드라마투르기에서 영화의 주요 인물은 항상 갈등이나 딜레마에 직면합니다. 이 갈등을 해소하기 위해 주인공은 행동을 취해야 하며, 대부분의 경우 더 현명한 사람으로 거듭나야 합니다. 인물은 성장을 거치고, 영화가 끝날 때는 시작할 때와 다른 사람이 되어 있습니다. 관객이 주요 인물들에 동질감을 가지면 인물이 처한 딜레마와 이를 해결하기 위한 노력에 공감하게 됩니다. 영화의 주요 갈등이 결말에 해소된다면 관객들은 영화 속 인물들이 그렇듯 더 지혜로워집니다.

어떤 영화를 만들든지 도입 부분이 지나간 다음에는 영화를 앞으로 나아가게 만들 흥밋거리, 즉, 긴장을 제시해야 합니다. 새로운 질문을 만들어내거나, 이미 제시된 정보에 새로운 관점을 제공할 새로운 정보를 끌어들여 긴장을 구축할 수 있습니다. 과거의 정보와 새로운 정보가 일으키는 이 갈등은 관객을 움직이게 하고, 관객이 스스로 문제 해결 방법을 찾도록 합니다.

다시 말하지만, 정보의 양을 조절하는 것은 대단히 중요합니다. 너무 많은 것을 말해주면 관객들은 해결책을 너무 쉽게 찾을 것이고, 따라서 영화가 지루하고 뻔해집니다. 너무 적은 것만을 말해주면 관객들은 영화의 갈등을 이해하지 못하고 이야기에 공감하지 못하게 됩니다.

영화를 만드는 이들이 흔히 하는 실수는 한 번에 너무 많은 정보를 제공한다는 점입니다. 정보의 양이 방대하면 오히려 내용이 파묻혀버리고, 결과적으로 관객은 어떤 정보도 소화하지 못합니다. 스토리텔링에서 가장 뛰어난 기교는 정보를 한 번에 한 조각씩 주도록 퍼트려두는 것입니다.

새로운 정보가 주는 힘과 영향력을 계속해서 판단하고, 동시에 해당 정보가 얼마 동안이나 관객의 관심과 공감을 유지시킬 수 있는지 계산해야 합니다. 정보의 힘이 다하면, 다음 정보의 조각을 제시해야 합니다.

영화를 만드는 일을 하는 우리들이 자주 부딪히는 문제 중 하나는 영화의 시간대와 우리 자신이 머무르는 시간대가 다르다는 점입니다. 촬영할 때 대체로 우리는 영화에서 보이는 것과는 다른 시간의 흐름으로 찍습니다. 며칠을 들여 한 장면을 공들여 찍더라도 영화의 최종본에서는 그 장면을 고작 2분 정도만 사용할 수도 있습니다. 혹은 몇 달에 걸쳐 편집하며 영화를 너무 많이 본 나머지 우리가 보고 있는 것에 둔감해질 수도 있습니다.

그러므로 창작자들은 항상 자신의 경험을 넘어서서 인지하고 전체를 조감하기 위해 노력해야 합니다. 이를 통해 우리는 '영화의 이야기는 어디에 있는가?', '이 시점에 영화에서는 어떤 정보들이 주어졌는가?', '관객들은 영화적 경험의 어느 지점에 도달해 있는가?' 등의 질문을 던지고 분석하려 할 수 있습니다.

조화롭기를 바라는 마음

새로운 정보를 제시할 때 우리는 항상 영화의 정서적인 수위를 조금씩 올리면서 서서히 절정을 향해 가도록 만들어야 합니다. 영화적 경험은 기대에 기반해 만들어집니다. 관객은 앞으로 일어날 일을 기대해야 합니다. 마지막에 이르기 전까지 해답을 찾지 못하더라도, 관객은 영화 전반에 걸쳐 어떤 일이 일어날 것인지 예측하려 시도할 수 있어야 합니다.

가장 기본적인 인간의 감정 두 가지가 이런 영화적 경험을 추동합니다. 바로, 최선을 바라는 마음과 최악을 두려워하는 마음입니다. '해피 엔딩'은 할리우드가 발명한 것이 아닙니다. 모든 것이 조화롭기를 바라는 영원한 열망은 애초부터 인간 존재의 일부이고, 할리우드는 비록 클리셰로 범벅된 것이라 해도 이 열망을 자주 활용할 따름입니다.

영화의 절정에서는 주요 갈등이 해소됩니다. 영화적 경험이 진행되는 동안, 관객은 주요 갈등에 공감하게 됩니다. 그리고 이 갈등이 해소될 때, 관객은 어쩌면 자신에게 의미 있는 교훈을 얻을 수도 있습니다. 하지만 영화는 정서적 매체이므로 이런 해소가 항상 논리적이거나 지적으로 작용하지는 않습니다. 갈등의 해소는 무엇보다도 관객이 영화를 보며 쌓아온 다양한 감정들을 해소해줄 수 있어야 합니다.

영화가 끝난 후에도 관객들이 곰곰이 고민해볼 딜레마들이 남기는 하겠지만, 주된 경험은 '모든 것이 제자리를 찾고' 혼돈 속에서 질서가 탄생하는 것이어야 합니다.

영화와 삶을 저울에 올리기

눈은 눈을 찾는다

영화 편집자는 정해진 요소들을 이용해 작업합니다. 새로운 이미지로 넘어갈 때 우리의 눈은 최초의 찰나에 그 요소로 향하게 됩니다. 이것은 문화적으로 결정된 취향이나 경향을 말하는 것이 아니라, 우리 인간의 생존과 결부되어 지니게 된 반사작용을 말하는 것입니다.

눈은 자동적으로 빛과 움직임을 좇습니다. 그 이후에는 조금 더 문화적으로 익숙한 색채와 선들, 혹은 값비싼 정장이나 매력적인 가슴과 같은 지위의 상징으로 시선이 옮겨갑니다. 편집자들은 이런 요소들을 이용해 아름답고 자연스러운 전환, 혹은 그 반대의 경우를 만들어냅니다. 이것은 우리에게 가장 중요한 도구입니다.

나는 오랜 시간 동안 그저 빛과 움직임만이 중요하다고 생각해 왔습니다. 그러나 어느 날 TV에서 과학 프로그램을 보고 흥미로운 정보를 접하게 되었습니다. 그것은 바로 눈은 눈을 찾는다는 것이었습니다. 사람이 다른 사람의 사진을 본다면 그는 본능적으로 사진 속 사람의 눈을 먼저 봅니다. 당신은 누구인가? 나에게 무엇을 원하는가? 신생아 때부터 우리는 부모를 동일시하고, 행동을 따라 하면서 부모에게 배우고 인간으로서 발달을 이룹니다. '눈은 정신의 창이다.'라는 말이 있듯이, **눈은 정말로** 글이나 말을 제외하고 인간이 소통을 할 때 많은 부분을 차지합니다. 어머니가 아이를 바라보는 사랑스러운 눈길에 얼마나 많은 정보가 담겨 있는지를 생각해보세요. 아니면 우리가 부끄러울 때 눈을 내리까는 것을 생각해보세요.

내 생각에 이 '눈은 눈을 좇는다'는 말은 영화 편집에서 가장 흥미로운 부분에 관한 은유이기도 합니다. 바로 편집이라는 것이 인간다움의 의미를 찾아 나가는 호기심 어린 탐구라는 것, 따라서 자신에 대한 고찰이라는 점입니다.

한 사람에서 하나의 캐릭터로

영화 편집자로서 저는 사람과 관련한 이야기를 전달할 때면 많은 부분을 삭제하고 사람을 등장인물로, 즉, 캐릭터로 변화시킵니다. 실제로 존재하는 사람들은 마음 내키는 대로 선택을 하기도 하고, 나쁜 패턴이나 습관들을 반복하기도 합니다. 이들이 급격하게 바뀌는 경우는 거의 없습니다. 하지만 캐릭터는 한 사람의 상징으로서, 이야기 안에서 어떤 기능을 수행합니다.

우리를 인간이게끔 하는 성질 중 하나는 연민을 느낄 수 있다는 점입니다. 우리는 자신을 넘어서 다른 사람의 생각과 감정에 다가가는 능력을 가지고 있습니다. 이 능력이 바로 영화에 힘을 부여합니다. 우리는 스크린상의 인물에 동질감을 느끼고 그들의 문제와 딜레마와 고민을 함께 나눕니다. '나라면 저 상황에서 어떻게 할까?'

이런 정서적 동일시는 단순히 스크린상의 인물이 보여주는 말과 행동으로 형성되는 것이 아니라, 많은 부분 그들이 **어떻게** 말하고 생각하는지에 따라 영향을 받습니다. 이는 바로 서브텍스트(subtext)의 영역입니다.

극영화에서 캐릭터는 대본이 탄생한 순간부터 형성됩니다. 하지만 다큐멘터리 영화의 경우, 촬영 단계에서 감독이 실존하는 사람들과 가까운 관계를 맺으며 변화가 일어날 뿐 아니라, 편집 단계에서는 해당 인물을 캐릭터로 축소합니다. 이들은 더 이상 피터나 수잰느나 마리아가 아니고, 주인공이거나 적수 혹은 조력자가 됩니다. 때로는 우리가 전하려는 이야기에서 어떠한 기능도 지니지 못한다면 영화에서 아예 삭제되기도 합니다.

촬영 중 감독이 포착하는 실제 세계의 사람들은 많고 많지만, 그중 누가 주요 인물이 될 것인지는 편집 과정에 이르러서야 결정됩니다. 주요 인물은 관객이 영화를 보는 동안 자신과 동일시하고 함께 경험을 하게 될 사람입니다.

대체로 전통적인 스토리텔링에서는 하나의 POV(point of view, 시점)와 한 명의 주인공이 존재하는데, 이 인물은 영화가 진행되는 동안 가장 큰 변화를 보이게 됩니다. 주인공은 자신만의 의지가 있고, 임무가 있으며, 그를 행동하게 만드는 커다란 꿈이나 트라우마 혹은 상처를 가지고 있습니다.

영화에서 제시되는 문제가 매우 중요하고 근본적인 것이어야만 영화가 주는 교훈이 더 크고 보편적인 무게를 지니게 되고, 따라서 모든 관객이 공감할 수 있게 됩니다.

주요 인물을 선정했다면 이에 따라 POV를 설정하고, 그 외의 인물들은 부차적인 캐릭터로 간주해야 합니다. 영화 전체를 가로지르는 갈등에서 이들의 기능은 무엇인가요? 그리고 주인공의 발전에 이들은 어떻게 관계하나요? 이들은 적인가요, 아니면 조력자인가요?

인물을 사랑하려 노력하기

물론 이 모든 개념은 이야기의 드라마투르기적 구조를 이해하기 위한 도구로만 기능합니다. 만약 이 구조에 생명력과 서브텍스트를 채워 넣지 못한다면, 영화는 기계적이고 죽은 것처럼 느껴질 것이고, 인물들은 클리셰가 될 것입니다.

　　이야기에만 집중하는 정통 드라마투르기가 더 많이 활용되고 더 많이 알려지면서, 심각한 문제가 생겨나는 위험도 있습니다. 관객과 등장인물 사이의 거리가 더 벌어지고, 결국 관객이 정서적으로 부족한 경험을 하게 되는 것입니다.

　　창작자의 의도는 아니었겠지만, 인물을 바깥에서 관찰하기만 하는 영화들이 종종 있습니다. 이런 경우, 감독과 편집자가 인물을 비꼬듯이 거리를 두고 있거나, 다 안다는 눈으로 그들을 바라본다는 느낌을 받게 됩니다.

　　이 챕터의 시작에서 말했듯, 영화적 경험을 하려면 동일시가 이루어져야 합니다. 그러니 영화를 만드는 이가 인물과 거리를 둔다면, 이는 관객의 경험을 축소하는 것과 다름없습니다. 관객은 영화와 인물에 공감해 '나라면 어떻게 했을까'를 생각하기보다는 '제가 저 상황에 처하지 않아 다행이다'라는 생각을 할 것이고, 영화적 경험으로부터 분리될 것입니다.

　　이런 거리두기를 방지하기 위해 제가 촬영본을 볼 때 가장 먼저 하는 것은 사랑에 빠지는 일입니다. 저는 편견과 제가 가진 특이한 성향을 모두 내려놓으려고 노력합니다. 사랑에 빠진다는 것은 우리 인간들이 한 치의 거리낌 없이 타인을 가능한 한 온전하게 경험하려고 시도하는, 말하자면 투항하는 상태입니다. 타인의 사소한 모든 것이 의미 있고 우리를 풍요롭게 해줄 것입니다. 단지 그가 말하고 행동하는 것이 아니라 어떤 방식으로 움직이는지, 혹은 그대로 머무르는지, 어떻게 슬픔과 기쁨에 완전히 잠기는지도 중요합니다. 우리는 타인 속에서 우리를 발견하며 공통점을 찾습니다. 그리고 만약 이 사랑이 상호 작용이라면, 우리는 또한 스스로를 사랑할 수 있을 것입니다.

저는 제가 작업하는 캐릭터들보다 더 현명하거나 더 나은 사람이 아닙니다. 저 역시 장점과 약점이 있는 사람일 뿐입니다. 만약 제가 타인의 약점을 끌어안으려면, 저의 실수와 단점들이 지닌 닮은 점들을 느껴야 합니다.

저는 판사가 아니라 이야기꾼입니다. 판사가 되어줄 이들은 관객입니다. 제가 촬영본 속의 사람들을 사랑하게 되고 그들을 온전한 인간으로 바라볼 수 있게 되면, 그 후에야 저는 비로소 제 드라마투르기 도구 상자를 꺼내 이들을 캐릭터로 축소하는 작업을 시작할 수 있습니다.

변화, 그리고 사건과 전환점들

영화에 적합한 이야기는 시간에 따른 정서의 변화 양상을 보여주면서 관객이 시작할 때와 다른 감정을 결말에서 느끼도록 합니다. 이것은 보통 영화 속 주요 인물이 성장하기 때문입니다. 주인공이 변화한 것입니다.

하지만 우리에게는 문제가 있습니다. 실제 세계에서 우리 인간들은 급격히 변화하는 경우가 거의 없습니다. 그런 경우가 있다 해도, 보통은 어쩔 수 없는 상황 때문입니다. 우리는 안정감, 통제와 조화로움을 열망하고, 그렇기 때문에 모두 기본적으로 보수적인 성향을 가지고 있다고 저는 생각합니다.

개인적으로 저는 안정적인 직업을 가져본 적이 없습니다. 저는 세계를 돌아다니며 일합니다. 어쨌든 표면적으로는 변화로 가득한 삶으로 보이겠지만 사실 그렇지는 않습니다. 저는 같은 일을 40년간 해왔습니다. 만약 제게 있어 정말 극적인 변화는 아마 은행에 취직하는 정도여야 할 겁니다.

우리에게 이런 변화를 강요하는 것은 아주 큰 사건들입니다. 예를 들면 사랑, 출산, 이혼, 질병, 죽음, 전쟁, 혹은 갑작스러운 사고 같은 것들 말입니다. 좋은 이야기라고 불리는 모든 이야기에는 변화가 필수조건이므로, 다큐멘터리 영화를 만들 때는 이것이 명백한 문제가 됩니다.

극영화에서는 이야기를 쓸 때부터 갈등과 드라마, 그리고 전개 과정을 만들 수 있지만, 다큐멘터리에서는 우리가 현실에서 찾아낸 것들로만 작업해야 합니다. 이런 이유로 우리는 위기에 처했거나 삶의 전환점에 선 사람들을 찾습니다. 그래야만 '**진정한 현재**(Authentic Now)' 속의 사건들을 따라갈 수 있기 때문입니다.

하지만 보통 이런 중요한 전환점들은 이미 일어난 일이거나(과거사), 아니면 촬영할 수 없을 때 발생하곤 합니다. 그렇기에 저는 다큐멘터리 작업을 할 때 인물 내면의 발전을 포착하려고 합니다.

누군가를 촬영할 때 우리는 그 사람 안에 어떤 과정을 촉발하게 됩니다. 그들은 자신의 삶을 보통의 일상보다도 더 넓은 맥락에서 생각하게 됩니다. 갑자기 다른 사람(감독)이 나타나 자신의 이야기에 진심으로 주의를 기울이는 것입니다.

평소 가족이나 친구와 맺는 모든 관계는 감정적, 사회적 교환으로 이어져 있기에, 그들과 대화할 때는 자신의 이야기를 끊임없이 해당 상황에 맞추어 말하게 되지만, 이제 여기에서는 감독과 자유롭게 대화할 수 있습니다.

이렇게 촬영으로 인해 촉발된 내적 과정은 종종 자각과 진짜 성장으로 이어지곤 합니다. 주의 깊은 감독이라면 이것을 읽어낼 것이고 인물이 앞으로 나아가도록 부드럽게 자극하여,

영화의 내러티브 구조에 핵심 요소가 될 수도 있는 발전을 이끌어내는 일이 가능합니다.

다큐멘터리 영화에서 미리 생각해둔 플롯이 이렇게 해체되고, 촬영 자체로 인해 시작된 진정한 내적 성장에 집중하게 되는 경우를 저 역시 많이 목격했습니다.

꿈에 대해 질문하기

사람은 잘 바뀌지 않는 존재이지만 우리는 모두 삶이 변화하는 꿈을 꿉니다. 꿈은 변화를 향한 바람이고, 절대 현실이 될 수 없다고 해도 이 꿈을 꾸는 사람에 관해 많은 것을 알려줍니다. 그래서 저는 항상 감독들에게 촬영을 시작하기 전에 (그것이 어떤 것에 관한 영화이든) 주인공에게 '당신의 꿈은 무엇인가요?'라고 물어보라고 조언합니다.

꿈은 인간의 동력이며, 행동과 변화를 위한 좋은 출발점입니다. 비록 주요 인물들이 자신의 꿈에 대한 지각이 없다고 해도, 이야기꾼인 우리는 그들의 꿈을 찾기 위해 항상 자료를 뒤져야 합니다. 그들의 꿈을 알아낸 이후에는 무엇이 그 꿈을 성취하는 길을 막고 있는지 찾아내야 합니다. 이 두 지점 사이의 갈등이 이야기에 모멘텀을 부여합니다. 그 꿈이 이루어지든(해피 엔딩) 이루어지지 않든(비극) 말입니다. 꿈이 현실을 만나는 지점이야말로, 좋은 이야기의 씨앗을 찾을 수 있는 곳입니다.

제가 이야기의 방향을 잡기 위해 사용하는 도구로 사용하기 위해 만들어낸 두 가지 핵심적인 문장은 아래와 같습니다.

— **인물 내면의 상처를 찾아라**: 숨겨진 고통으로 인해

'선한 세상'에서 변화를 열망한다
— **인물 내면의 강함을 찾아라**: 인간의 잠재력으로 인해 '악한 세상'에서 변화를 열망한다

이야기에서 덜 눈에 띄는 인물의 특징들을 강하게 드러내면서 저는 더욱 복합적인 인물을 만들어내고, 이와 동시에 그들의 내면적 성장을 위한 씨앗을 찾아냅니다.

피해자, 그리고 선한 의도

다큐멘터리는 오랫동안 약자의 편에 서는 전통을 만들어왔습니다. 명백한 부조리를 인식하지 못한 채로 현실의 세상을 촬영한다는 건 결코 쉽지 않습니다. 다큐멘터리 창작자들은 넓은 마음을 가지고 정치적, 사회적으로 활발하게 참여하는 경우가 많습니다. 그들은 자신의 영화로 세상을 바꾸고 싶어 합니다.

하지만 이런 선한 의도는 인물들을 쉽게 피해자로 만들 수도 있기에 조심해야 합니다.

'연민'을 느낀다는 건 공감 능력의 표현일 수도 있지만, 불평등한 관계에 기초해 있습니다. 연민을 느끼는 사람은 자신이 연민하는 사람을 내려다봅니다. 이것은 양측을 권력 구조상에 위치시키고 각자의 역할을 고정시킵니다. 더불어 그 관계에는 위험한 독선이 자리잡게 됩니다. 한쪽이 자신의 결점이나 약점은 고려하지 않은 채, 동정심을 보이며 도덕적 우위를 점하기 때문입니다.

다큐멘터리 창작자들이 어떤 환경이나 문화(보통 자신의 문화가 아닌 외부의 문화)로 탐험을 나가 부조리, 빈곤, 결핍 등을

묘사하려고 할 때는 항상 위험이 도사립니다. 위에서 말한 권력 구조를 끌어들여서 자신이 관찰하는 대상을 자신과 동등한 힘이나 잠재력을 가진 존재로 보지 않고, 오직 그들의 처참한 상황만을 부각하게 될 위험 말입니다. 영화를 만드는 자신이 그들을 피해자로 만드는 것입니다. 이것은 정치적, 윤리적인 문제일 뿐 아니라 드라마투르기의 문제이기도 합니다.

드라마투르기에서 우리는 종종 주인공을 '영웅(hero)'이라 부릅니다. 그 인물이 대단한 힘이나 지혜 혹은 아름다움을 지녔기 때문은 아닙니다. 그가 행동한다는 점이 바로 그를 영웅으로 만듭니다. 그들이 자신이 처한 문제 상황에 대해 무엇이든 해보려 하기 때문에 관객들은 그들과 동질감을 느낍니다. 전달되는 이야기에 따라, 관객은 적극적으로 그들의 경험으로 들어가 주인공이 성공하거나 실패하기를 바라게 됩니다.

영웅은 행동하는 반면, 힘없는 피해자는 수동적으로 주변 환경이 자신을 위해 움직이기를 바랍니다. 누군가 '지구상의 수백만 명이 행동할 자유조차 갖지 못하고 있는데, 좋은 드라마투르기가 무슨 소용이냐'고, '그들은 빈곤과 탄압의 수렁에 빠진 피해자가 **맞다.**'고 말할 수도 있습니다. 의심의 여지 없이 그들은 피해자이지만, 피해자는 또한 사람들이 생각하는 스테레오타입에 부합하지 않는 훨씬 더 미묘하고 복잡한 존재들입니다.

물론 이런 딜레마 때문에 우리가 도덕적인 기준을 버리거나 세상의 부조리를 묘사하기를 멈추어서는 안 됩니다. 오히려 반대로, 우리는 끊임없이 인간들이 어떤 세상을 만들고 있는지를 질문해야 하고, 동시에 세계를 묘사할 때 우리의 동기와 방법론에 대해서도 끊임없이 질문해야 합니다.

영화를 만들 때의 도덕적 책임감

극영화와 다큐멘터리 제작에서는 많은 부분 동일한 도구를 사용하지만, 그럼에도 결정적인 차이는 있습니다. 극영화에서 우리는 배우들과 일하는 반면, 다큐멘터리에서는 실존하는 사람들과 일합니다. 그리고 이들은 카메라가 꺼진 후에도 자신의 삶을 살아갈 사람들입니다.

우리가 완전하고 진실되게 현실을 반영하려고 시도했지만, 그럼에도 이 영화를 본 등장인물들이 상처받는 결과를 낳게 된다면 어떻게 해야 할까요? 저는 다른 사람에게 상처를 주는 일에 참여해서는 안 된다는 근본 원칙을 가지고 있습니다. 영화를 만드는 일이 우리가 실제 세계에서 갖는 윤리적 의무를 면책하지는 않습니다.

예외도 있습니다. 힘 있는 기관이나 공인을 다룰 때입니다. 하지만 그 경우에도 '상처를 입히는 일'은 그 인물이나 기관이 표상하는 권력 자체를 향해야 할 것입니다. 또한 제가 아무리 원칙을 중요한 길라잡이로 삼는다고 해도, 삶은 흑과 백처럼 깔끔하게 나뉘지 않습니다. 많은 회색 지대가 있고 딜레마가 존재합니다.

한 인간의 인생을 촬영할 때는, 단지 우리가 그곳에 존재한다는 사실만으로도 변화하는 것들이 있습니다. 우리뿐만 아니라 다른 참여자들에게도 숨겨져 있던 갈등이 가시화됩니다. 꼭 부정적인 일은 아닙니다. 이를 통해 인물들이 치유되거나 긍정적인 효과를 얻을 수도 있습니다.

하지만 영화가 완성되어 상영되면, 참여한 사람들은 갑자기 공인이 되어 주변에서 여러 반응을 접하게 됩니다. 이것은 때때로 그들이 감당하기 힘든 상황을 만들어내기도 합니다.

촬영이 끝난 후, 우리는 참여한 사람들에게 서면으로 영화 출연 동의를 구합니다. 이것으로 충분하니 그 뒤로는 하고 싶은 대로 해도 된다고 생각하는 사람도 있을 것입니다. 하지만 참여자들이 항상 자신이 동의한 내용이 내포하는 모든 의미를 이해하는 것은 아닙니다. 그들의 이야기는 편집실에서 구체적인 형태를 지니게 되고, 이때 이들에게 상처를 입히지 않는 것은 감독과 편집자의 책임입니다.

가능하다면 저는 항상 최종본을 넘기기 전에 참여자들에게 영화를 보여줍니다. 그들에게 승인을 얻기 위해서가 아니라, 다른 사람들이 이 영화를 볼 때 어떤 경험을 할 것인지에 대해 미리 대비할 기회를 주기 위해서입니다.

다큐멘터리 영화를 편집하는 일은 영화와 삶을 끊임없이 황금률에 빗대어보며 저울질하는 일이며, 손쉬운 해결책 따위는 없는 지난한 윤리적 토론에 가깝습니다.

영화에 참여한 사람들에게 갖는 도덕적 책임감 때문에 우리는 그들을 '과보호'하게 되기도 합니다. 인물들을 강점과 약점을 가진 통합적인 인간으로 보기보다는 하나의 도덕적 귀감으로 만드는 식으로 일종의 긍정적인 거짓말을 하는 것입니다.

이런 딜레마에도 불구하고, 저는 영화가 완성된 이후에 참여자들과 문제를 겪은 경험이 의외로 거의 없었고, 그들이 부정적인 결과를 마주해야 했던 경우도 별로 없었습니다. 나는 이것이 편집 과정에서 우리가 도덕적 책임감을 가지고 극도로 조심한 결과라고 생각합니다. 하지만 더 중요한 것은 어쩌면, 우리가 편집 과정 내내 인물을 캐릭터로 축소하면서도 그들을 우리와 같은 인간으로 보았기 때문일지도 모르겠습니다

말로 할 수 없는 것을 그려내는 일

말로 표현할 수 없는 것을 우리는 어떻게 그려낼까요? 내러티브 구조에 생명을 불어넣는 것은 말과 말 사이에 존재하는 것들입니다. 우리는 소통을 할 때 아주 작은 부분에서만 언어를 사용합니다. 소통에서 가장 중요한 부분은 표정, 눈빛, 그리고 몸짓을 통해 **어떻게** 말하는가입니다.

우리는 모두 자신의 동료와 말싸움을 할 때, 아주 구체적인 것에서 시작된 다른 생각들이 어떻게 서로를 넘어선 추상적인 말들로 바뀌는지를 알고 있습니다. 싸움이 이제 상처받은 감정, 공격성, 권력 혹은 다른 무언가에 대한 것으로 변했다면 우리는 더는 서로를 이해할 수 없게 됩니다. 혹은 반대로, 막 사랑에 빠졌을 때 우리는 상대가 자신을 있는 그대로 보고 사랑해준다는 감정을 느낍니다. 이때는 상대의 모든 말이 합리적이고 중요하게 느껴집니다.

제 생각에 인간은 말이라는 것에 너무 많은 중요성을 부여합니다. 말은 견고합니다. 의미와 연결성을 부여하고, 혼돈 속에 질서를 만들어냅니다. 물론 말은 여러 다른 방식으로 표현될 수 있고, 다양한 태도를 드러내며, 그 자체가 온전한 진실은 아닙니다. 하지만 그럼에도 우리가 말에 대해 근본적인 믿음을 가지고 있는 이유는, 말이 없으면 모든 것이 혼란스러워지기 때문입니다.

우리는 이야기를 하기 위해 말을 사용하지만, 영화에서는 말 이면에 놓인 다른 모든 것들을 포착하는 일도 가능합니다. 따라서 우리는 관객들이 인간 간의 소통을 통합적이고 전체적으로 읽어내도록 하기 위해 애쓰게 됩니다.

쿨레쇼프의 실험으로 돌아가봅시다. 배우가 세 장의 다른 사진을 바라보고, 관객은 그의 얼굴에서 세 가지의 다른 감정을 읽어냅니다. 이 실험은 비언어적입니다. 배우는 배고픔이나 슬픔, 욕망이라는 감정을 직접 표현한 적이 없습니다. 이 감정들은 두 이미지의 병치를 통해 발생한 것입니다. 즉, 질서를 원하는 우리의 마음과 이야기 속에서 자신의 모습을 발견할 수 있는 능력이 이 감정들을 만들어낸 것입니다.

영화는 감정을 통해 관객에게 말을 겁니다. 우리는 언어를 사용해서 필수 정보들을 전달함으로써 관객들이 정서적인 경험을 할 수 있게 만듭니다. 이때의 대본, 스토리라인, 그리고 이야기의 구조는 그저 뼈대일 뿐입니다. 이 뼈대 안에 집어넣는 것들이야말로 정서적 경험을 만들어내는 재료가 됩니다.

'진정한 현재'

서브텍스트는 진정성에 아주 중요한 요소입니다. 사실이나 실제 그대로를 보여주는 게 진정성이라는 뜻은 아닙니다. 영화에 등장하는 인물들과 그들의 세계, 그리고 그들에 대한 이야기가 모두 진실처럼 느껴진다는 의미입니다.

극영화도 진정성을 쌓기 위해 노력합니다. 그래야 이 모든 것이 그저 만들어진 것임을 알고 있는 관객도 마음을 열고 영화 속으로 들어갈 수 있기 때문입니다. 배우들은 대사를 읊으며 서브텍스트를 채워 넣습니다. 죽은 말들일 뿐인 대사에 배우는 생명을 불어넣습니다. 실력이 좋지 않은 배우가 대사를 읊으면 우리는 알아챌 수 있습니다. 그 캐릭터가 진실해 보이지 않고, 따라서 그들의 말도 의미가 없는 것처럼 들리기 때문입니다.

이렇듯 극영화에서는 엄청난 노력을 기울여서 성취해야 하는 진정성이 다큐멘터리에서는 은접시에 담겨 아주 손쉽게 주어집니다. 따라서 우리는 현실 세계가 우리에게 준 이 선물을 잘 다루어야 합니다.

저는 이것을 '**진정한 현재**(Authentic Now)'라고 부릅니다. 누군가는 '진실의 순간(moment of truth)'이라고 부르기도 합니다. 이것은 보통 오직 한 번만 발생하고, 반복될 수 없는 어떤 예측 불가능한 순간입니다. 매우 놀랍고 충격적이어서 카메라 앞에 선 인물이나 카메라 뒤에서 촬영하는 이들이 모두 촬영 중이라는 사실을 잊어버리는 순간이기도 합니다. 어떤 인물이 인터뷰 도중에 이전에는 떠올리지 못했던 새로운 통찰을 얻게 될 때도 이런 일이 나타납니다.

이때가 바로 영화를 만드는 우리들이 통제력을 상실하는 순간이기도 합니다.

다른 이야기를 찾아내기

인간이라는 존재는 명확한 질서에 집착하는 면이 있지만, 우리는 타인에게서 서브텍스트를 읽어내는 일에도 무척 능숙합니다. 따라서 영화에서 어떤 말이 한 가지 의미를 보여주는 동안 서브텍스트와 행동이 다른 의미(때로는 아예 정반대의 의미)를 보여주는 것은 아주 중요한 도구입니다.

이때 발생하는 마찰은 관객에게 고민할 거리를 줍니다. 이 불일치가 이야기 안에서 모멘텀을 만들고, 등장인물을 그저 보이는 것과는 달리 모호성을 가진, 우리 자신과 같은 인간으로서 인식할 수 있게 만들어줍니다.

하나의 장면을 편집할 때, 저는 언제나 이야기를 언어나 플롯으로부터 분리시키면서 그 장면의 바닥에 흐르는 저류와도 같은 **다른 이야기**를 찾으려고 노력합니다. 대부분 그런 이야기는 주요 이야기의 일부이거나 인물을 구성하는 한 요소이지만, 가끔은 관객들에게 절대 명확하게 떠오르지 않는 논리나 이야기와 연관되어 있을 때도 있습니다.

나는 두 사람이 공통의 목적을 위해 싸우는 이야기를 일종의 러브스토리라고 생각합니다. 싸움은 그들의 사랑을 망쳐버릴까요, 아니면 강하게 할까요? 한편 토론을 축구 경기로 생각해봅니다. 누가 전반전을 우세하게 이끌었나요? 누가, 언제 승자가 되나요?

'다른 이야기'를 집어넣으면, 그 장면의 정서적 구조를 더욱 잘 파악하게 됩니다. 또한 그 장면을 서브텍스트의 관점으로 바라볼 수밖에 없게 됩니다. 우리는 너무 자주 언어에 현혹됩니다. 언어로 표현된 것만이 그 장면의 핵심이라고 생각하는 것입니다. 마치 파트너와 싸울 때처럼 말입니다.

관객은 제가 넣어둔 '다른 이야기'를 눈치 채서는 안 되지만, 언어와 구체적인 행위 이면에 정서적인 구조가 존재함으로 인해 더욱 깊은 경험을 하게 될 것입니다. '다른 이야기'는 제가 언어의 논리로부터 눈을 돌려서 영화에 추가적인 긴장과 모호성을 부여하도록 만드는 작업 도구라고 할 수 있습니다.

서브텍스트를 읽어낼 여지를 주기 위해서는 영화를 단순하게 구성하는 것이 중요합니다. '적을수록 많다(Less is more)'는 말은 영화적 경험에도 결정적입니다. 요즘에는 이야기나 플롯이 과도하게 복잡해지는 경우가 너무 많습니다. 대본을 자기 속도로 읽을 때 우리는 재미있어할 수 있습니다. 하지만 영화에서 시간은 빠르게 흘러가고 놓친 무언가를 돌아가서 다시 읽어볼 수는 없습니다.

복잡한 이야기는 관객이 방대한 정보를 처리하게 만들고, 결국 지적 경험에 발이 묶이게 합니다. 따라서 관객은 이런 종류의 영화에서는 절대 감정적 경험을 얻을 수 없습니다. 마치 실력 없는 선생에게서 강의를 듣듯이 영화를 곁에서만 바라보게 되고, 함께 감정적 경험을 만드는 일에는 참여하지 못하게 되는 것입니다.

간결하고 핵심적인 이야기는 편집자에게 서브텍스트 안으로 더 파고들 여지를 줍니다. 이 작업에서는 모든 것을 다 알려주는 것이 아니라, 호기심을 자극함으로써 관객들이 질문을 던질 수 있도록 만드는 것이 중요합니다.

넘쳐나는 재료로 간결함을 만들어내기란 어렵습니다. 자신이 하려는 이야기의 핵심이 무엇인지를 더욱 깊이 파악해가며 이를 거듭 정제하는 과정에서 수많은 선택을 해야 합니다.

평범함과 이상함 사이의 감정

모든 예술은 구성 요소들 간의 긴장, 즉, 마찰을 이용합니다. 많은 경우 이런 요소들의 모순은 작품에 깊이와 시선을 부여합니다. 빛은 어둠으로 인해 더욱 강해지고, 침묵은 소음으로 인해 커지며, 슬픔은 기쁨과 함께 더 강렬해집니다.

동역학(dynamics)은 영화 드라마투르기에서 자주 간과됩니다. 규칙과 법칙을 세우기 어려운 탓인지 거의 제대로 설명되지도 않습니다. 우리는 명확한 이야기를 만들려고 하다가, 가끔은 내러티브 안에 반대되는 것을 집어넣을수록 오히려 더욱 명징한 이야기가 된다는 사실을 잊어버리곤 합니다. 갈등과 드라마를 좇다가 평범함으로 인해 특별함을 새로운 시선으로 볼 수 있다는 사실을 잊어버리는 것입니다. 평범함과 이상함의 간격이야말로 드라마를 내포하고 있습니다. 평범한 것을 알아볼 수 없다면, 이는 비범함이 무엇인지도 모른다는 뜻입니다.

저는 다른 나라의 영화에 대해 조언할 때 종종 이런 문제를 마주합니다. 영화를 만드는 이들이 자신의 나라에서 일상적으로 여기는 것들을 지루하게 생각하고, 곧바로 아주 특수한 것에 대해 말하고 싶어 하는 경우가 바로 그러합니다. 하지만 문제는 예를 들어 제가 가나에서의 일상이 어떤 것인지 전혀 모른다는 것입니다. 가나에서 온 사람이 덴마크에서는 무엇이 비일상적인 것인지 모르는 것과 마찬가지로 말입니다.

영화적 경험은 반복되지 않는 '현재'를 담고 있으며, 관객들을 빠르게 스쳐 지나갑니다. 그러므로 이야기의 속도와 동역학을 조절하는 일은 매우 중요합니다. 우리는 동역학과 모순에 대해 전체 과정 내내 생각해야 합니다. 속도감이 가득한 장면은 지연 효과와 만나며 더욱 강렬해집니다. 뮤지컬 작품에서 가장 강력한 순간은 음악이 멈출 때인 것과도 같습니다. 클로즈업에서 롱 숏으로 전환되는 순간은 가장 강력한 컷이 될 것입니다.

편집을 시작할 때 영화의 전체적인 리듬을 이해할 수는 없습니다. 실제로는 첫 가편집이 끝난 후에야 영화의 플롯과 동역학 구조에 대한 감을 잡을 수 있습니다. 가편집 이후의 과정은 주로 영화 속 다양한 요소들의 적절한 비율과 균형을 찾아가는 일로 채워져 있습니다.

영화 속 여러 인물 간의 균형은 어떤 상태인가요? 문제가 되는 캐릭터 하나를 조정한다고 해서 언제나 문제가 해결되지는 않습니다. 대체로는 그 주변 다른 인물에 변화를 주는 것이 필요합니다. 전반적인 긴장 곡선은 어떻게 되어 있지요? 어디에서 감정적인 에너지가 멈추고, 영화가 뻔하고 지루해지나요? 어느 지점에서 너무 많은 것을 한 번에 알려주어 관객들이 혼란스러워지거나 잘못된 결론으로 향하지는 않나요?

영화의 속도는 어떤가요? 첫 가편집 이후 살펴보면 보통은 영화 초반의 속도가 너무 빠르고, 끝으로 갈수록 너무 느려집니다. 완성된 영화는 이와 정확히 반대가 좋습니다.

앞서서 저는 영화의 프레젠테이션 단계에서 플롯을 빨리 진행하고 싶은 마음이 급해 중대한 정보를 정확하게 전달하지 못하는 경우를 언급했었습니다. 편집 속도가 너무 빠르면 관객들이 인물에 이입하거나 영화 속 환경에 충분히 적응할 시간이 부족해집니다. 하지만 영화가 전개될수록 관객들이 원하는 것은 설명이 아니라 처음 주어졌던 정보에 대한 변화입니다. 바로 그런 이유로 편집의 속도를 끌어올려야 하는 것입니다.

마음에서 머리로

첫 가편집본을 만들면 우리는 이미 즉각적으로 영화를 경험하기에는 둔감해진 상태가 됩니다. 이제부터는 분석을 통해 작업해야 합니다.

분석할 때 자주 부딪히는 문제는 발화되는 말이나 플롯에 집중하게 된다는 점인데, 이 두 가지는 드라마투르기적 도구를 이용해 형태를 바로잡을 수 있는 것들입니다. 하지만 이를 통해 해결할 수 있는 것은 러프 컷이 가진 많은 문제 중 일부에 불과합니다. 따라서 저는 동역학과 서브텍스트를 파고들어 분석해낼 수 있는 다른 방법들을 찾아내려 노력합니다.

일반적으로 편집실에는 항상 영화의 개별 장면을 묘사한

인덱스카드를 배열해둔 벽이나 보드가 있습니다. 이런 카드를 이용해 영화의 전체 구조를 재빠르게 파악할 수 있고, 카드를 움직여가며 장면들을 다른 순서로 쉽게 배열해볼 수도 있습니다. 보통은 각 카드당 한 장면에 들어가 있는 내용과 등장하는 인물들을 짧게 표기합니다. 이런 식입니다. '피터가 수전에게 사랑을 고백한다.'

하지만 저는 이런 설명에 느낌을 추가로 붙여둡니다. 인물들이 느끼는 감정이 아니라(피터가 수전을 사랑하는 것) 관객들이 느껴야 하는 감정을 적어두는 것입니다. 이 장면이 재미있는지 아니면 슬픈 혹은 흥미로운가요?

이렇게 함으로써 저는 영화의 정서적 구조를 조망합니다. 예를 들어 주 정서가 '재미'인 두 장면이 이어져야 한다면, 뒤에 등장하는 장면이 더욱 강도가 커야 합니다. 다시 말하자면, 먼저 나오는 장면보다 더 재미있어야 한다는 뜻입니다. 저는 여전히 이런 지적 분석을 활용하지만, 그 측정의 방식은 변화해왔습니다.

마지막 편집 단계에서, 저는 자료에 더 깊이 들어갈 방법을 찾기 위해 작업을 분석할 새로운 방법, 새로운 은유들을 계속해서 찾습니다.

저는 종종 영화 한 편을 감정의 파도와 패턴이 일관성 있게 클라이맥스로 이어지는 하나의 음악 작품으로 바라봅니다. 어떨 때는 급기야 어떤 영화의 구조를 노래로 불러 보려 하기도 했습니다. 노래를 잘 하지는 못하지만, 이런 시도를 통해 그 영화의 감정 곡선에 대해 더 잘 이해할 수 있었습니다.

각각의 편집실에서 노래가 흘러나오는 복도를 걸어 내려가는 일은 무척 즐겁겠지만, 이런 방법이 모두에게 유용할지는 확신하기 어렵습니다. 그럼에도 우리가 영화에 익숙해져 제대로 보지 못하는 상태가 되었을 때, 어쩌면 이런 예시들이 주는 영감을 통해 각자 영화의 감정 곡선을 제어할 수 있는 자신만의 방법을 찾을 수 있을지도 모르겠습니다.

리듬 – 영화의 숨결과 생명

영화의 리듬은 당연히 영화의 속도와 연결되어 있습니다. 긴장을 높이고 싶다면 우리는 보통 컷의 숫자를 늘릴 것입니다. 하지만 리듬은 작법 도구 이상의 무언가이기도 합니다.

영화의 리듬은 영화의 숨결입니다. 우리가 의식적으로 이를 감지하는 것은 아니지만, 리듬이 없다면 영화는 죽고 말 것입니다. 각기 다른 상황에서 우리가 숨을 빨리 쉬거나 천천히 쉬는 것과 마찬가지로, 영화에는 여러 리듬이 있습니다. 또 우리가 공포에 질리거나 드라마틱한 경험을 할 때 숨을 참는 것과 마찬가지로 영화의 리듬은 갑자기 멈추면서 드라마틱한 상황을 강조할 수도 있습니다.

리듬은 간격(intervals), 휴지(pauses), 그리고 동역학(dynamics)을 통해 규정됩니다. 리듬이 너무 오랜 시간 단조롭다면, 영화 자체가 단조로워집니다. 휴지는 적절한 지점에 사용한다면 우리가 사용할 수 있는 가장 드라마틱한 도구 중 하나이며, 다양한 리듬의 변화를 통해 역동적인 경험을 만들어낼 수 있습니다.

하지만 리듬은 영화 전체의 맥박과 끊임없이 연동되어야 합니다. 그저 관객들을 지루하지 않게 하려고 여기저기에서 리듬이 변한다면, 전체적으로 영화는 혼란스럽고 파편적으로 경험될 것입니다. 숨을 쉴 때 신체의 여러 기능이 함께 움직이면서 몸이 최적의 상태로 작동하는 것과 마찬가지입니다. 리듬은 따로 떼어내서 생각할 수 없고, 영화의 다른 요소들과 함께 유기적인 전체를 구성해야 합니다.

대체로 영화 편집자의 작업은 관객들에게는 보이지 않습니다. 영화 속에 남기는 것만큼 잘라내는 일도 중요하기 때문입니다. 편집자의 임무는 영화 속에 보이는 모든 요소, 즉, 이미지, 인물, 이야기 등을 강화하고, 약점을 지워내는 것입니다.

관객은 영화를 관람하면서 편집을 생각하지 말고, 영화를 경험해야 합니다. 관객들이 편집을 생각하고 있다면 영화의 어떤 부분이 제대로 만들어지지 않았다는 신호입니다. 우리는 숨쉬기를 의식하지 않는데(명상은 예외입니다) 숨쉬기를 의식할 때는 대개 우리 몸의 어떤 부분이 평소와 같은 상태가 아니기 때문입니다. 영화는 의식하지 않은 채 숨을 쉬어야 합니다.

편집자는 영화의 리듬을 통해 자신의 개성을 드러냅니다. 같은 음을 가진 같은 곡을 각기 다른 연주자들이 연주한다면, 이론적으로는 같은 소리가 나야 합니다. 하지만 우리는 연주자의 기술과 개성에 따라 연주되는 음악이 제각기 다르리라는 사실을 잘 알고 있습니다. 이와 마찬가지로, 리듬은 특정 편집자가 영화의 숨결, 개성, 그리고 기질을 표현한 것입니다.

혼돈을 받아들여 화음을 만들기

모든 영화는 전반적인 음역(tenor)이나 조성(tonality)을 가지고 있습니다. 여러 개의 음조(tone)가 함께 조화를 이룬다는 점에서 '화음'이라는 말이 더 정확할 것입니다. 감독의 톤은 다른 톤들과 관계하는 가장 근본적인 톤입니다. 다른 톤들이란, 현실 세계와 카메라 앞에 선 사람들, 그리고 감독이 꾸린 전문가팀 등입니다. 이런 다양한 톤들은 창작의 과정에서 이상적으로 합치를 이루며 화음을 만들어냅니다.

하지만 촬영본과 자료 속에는 그런 화음을 해칠 수 있는 잘못된 톤이 많이 들어가 있습니다. 편집 과정에서 틀린 톤을 찾아내 잘라내거나 변형해 화음에 녹아들 수 있도록 만들어야 합니다.

모든 영화는 편집을 통해 자신만의 언어와 문법을 형성합니다. 당연히 이미 많은 선택이 그 이전에 일어난 상태이지만, 편집을 위해 다양한 요소를 한데 모아놓으면서부터 우리는 비로소 이것들이 화음을 낼 수 있는지를 알아보게 됩니다.

편집 과정은 질서와 혼돈을 오가는 대화입니다. 한쪽에는 비전과 드라마투르기적 지식, 그리고 구체적인 자료들이 있고, 다른 한쪽에는 개인적 감각과 아이디어들이 있습니다.

영화를 만드는 일은 지성과 감정을 모두 필요로 합니다. 머리와 심장. 직관과 분석. 좋은 영화들은 이 두 차원 사이의 교류를 통해 만들어집니다. 이 과정이 성공하려면 우리는 이 두 요소가 모두 필수임을 받아들여야 합니다. 우리는 혼돈을 받아들여야만 화음을 만들어낼 수 있습니다.

예술에 관한 작은 이야기

저는 책의 첫 부분에서 이야기를 하는 행위가 혼돈에 질서를 부여하려는, 논리와 연속성을 찾으려는 우리의 시도라고 썼습니다. 하지만 중요한 것은 이것이 모든 형태의 예술에 적용된다는 것입니다.

우리는 예술을 통해 묘사할 수 없는 것, 감각적인 것을 묘사하고자 합니다. 즉, 이는 우리가 감정적으로 이해해야 하는 것들입니다. 사랑, 증오, 희망, 절망, 그리고 모든 인간의 삶에서 큰 부분을 차지하는 다른 거대한 감정들까지. 하지만 말과 논리로는 부족하기 마련입니다.

질서에 대한 욕망 때문에 인간은 논리에 매달리지만, 실로 대개 우리의 삶을 통제하는 것은 감정입니다. 당신의 삶에서 가장 중요한 순간을 떠올려보세요. 그것은 분명 어떤 논리적인 사건이 아니라 보다 정서적인 경험일 것입니다. 그 순간이 지난 후 당신은 자리에 앉아 생각했을 것입니다. '와, 방금 무슨 일이 일어난 거지?' 그러고는 상황에 대해 감을 잡으려 노력했을 것입니다.

바로 이 지점에서 예술은 인간에게 또다른 존재의 차원을 부여합니다. 이 차원은 단지 그러한 경험을 정당화하기 위해서가 아니라 그 자체로 인간에게 필수적인 것입니다. 감각이 없다면, 예술이 없다면, 우리가 포착하고자 하는 감정들이 없다면, 우리는 이 세계와 우리 자신을 그저 머리로 이해하는 데 그칠 것입니다.

즉 우리 인간들은 한층 열등한 생명체가 될 것입니다.

편집실에서 멋진 춤을

저는 새로운 작업을 시작할 때, 이전에 편집했던 것과 이야기꾼으로서 축적해온 경험들은 모두 잊어버리려고 노력합니다. 이 영화가 제가 편집하는 첫 영화라고 스스로를 세뇌하는 것입니다. 모든 영화는 만드는 과정에서 자신만의 언어와 표현 수단을 가진다는 것을 배웠기 때문이고, 새로운 촬영본을 예전과 똑같은 방식으로 다루면 영화를 망칠 것을 알기 때문입니다. 이런 노력에도 불구하고 저는 또한 대부분의 편집 과정에 존재하는 반복적인 패턴에 대해서도 너무나 잘 알고 있습니다.

— 언제 위기가 등장할까?
— 어떻게 편집 기간을 최대한 활용할까?
— 어떻게 갈등을 해소할까?
— 시사(screenings)와 피드백을 어떻게 활용할까?

좋은 결과물을 내려면 편집 과정 중의 협업이 어떤 영화적 재능만큼이나 중요하다는 점을 저는 경험을 통해 배웠습니다. 그래서 저는 편집 과정을 최대한으로 활용할 수 있는 다양한 방법들을 만들어왔습니다.

창의적 대화

편집자가 편집실에 들어서기 전, 감독들은 거기 도착하기 위해 이미 수년간 노력하고 분투해 왔을 것입니다. 영화를 만드는 일은 감독이 투자자, 프로듀서, 동료들의 의견과 제안과 질문으로부터 쉴 틈 없이 공격을 받는 과정입니다. 영화 만들기의 현실은 보통 상상과는 전혀 다른데, 항상 경제적인 제약이 있기 때문입니다. 감독은 끊임없이 선택과 타협을 해야 하는 상황에 놓입니다. 감독은 자신이 모든 것을 통제하고 있음을 세상에 보여주어야 하며, 실제로는 확신이 없을 때에도 자신이 무엇을 하고 싶은지 명확히 알고 있다는 것을 보여주어야 합니다.

이와는 대조적으로 편집실은 친밀한 공간입니다. 여기에서는 영화에 대한 감독의 비전이 촬영을 통해 실제로 만들어진 영상 자료들과 하나로 녹아듭니다. 편집실이라는 공간에서는 정직함, 약점을 인정하는 자세, 그리고 의심을 품는 것 등이 가장 중요한 도구가 됩니다.

그래서 감독과 처음 같이 일할 때 저는 안정감을 주고자 노력합니다. 저는 아래와 같은 것을 말하려 합니다.

—   나는 당신의 비전이 중요하고도 흥미롭다고 생각합니다.
—   나는 당신을 믿고 존중합니다.
—   당신은 제가 이 영화에 기여할 거라 믿고 나에게 이 영화를 맡겼습니다.
—   위대한 감독과 똑똑한 편집자라는 역할 놀이는 하지 맙시다. 그저 당신과 내가 되어, 작업에 의문이 들 때는 이렇게 말합시다. "잘 모르겠어요."
—   난 당신의 편입니다. 날 믿어도 좋아요!

영화를 만드는 일은 협업적인 예술의 과정이지만, 저는 그 모든 것을 압도하는 하나의 예술적 비전이 있다고 생각합니다. 이는 감독의 비전입니다. 저는 감독이 '최종 편집권'을 가지지 않은 경우 작업에 참여하지 않는다는 원칙을 고수합니다. 저는 항상 제 영화가 아니라 감독의 영화를 편집하는 것입니다.

이런 조건들은 감독과 편집자의 전반적인 업무 관계에서 필수적입니다. 우리는 감독의 비전을 위해서 함께 작업하는 것이며, 이 비전을 어떻게 전달할 것인지 알아내기 위해 토론하게 됩니다.

세계 최고의 감독과 세계 최고의 편집자라고 해도, 창의적 대화를 이끌어내지 못한다면 서로의 능력과 영화의 힘을 약화시키게 될 것입니다. 보통 수준의 감독과 편집자라고 해도, 올바른 종류의 대화를 나눌 수 있다면 개개인의 역량을 뛰어넘는 무언가를 창조할 수도 있을 것입니다. 함께할 때, 우리는 개별적인 자신보다 더 큰 존재가 됩니다.

창의적 대화는 생각과 아이디어의 동등한 교환에 기초합니다. 어떤 장면에서 감독은 무언가를 의도하지만, 저는 그 이상의 다른 것을 볼 수도 있습니다. 두 개의 가능성 중에서 그저 한 가지를 선택을 하기보다는, 창의적 대화를 나눔으로써 이 장면을 더 발전시킬 가능성을 열 수 있습니다. 타협하는 것이 아니라 감독의 원래 의도와 촬영본이 지닌 특별함을 모두 아우르는 더 깊은 길로 나아갈 수 있습니다. 감독과 편집자의 관계가 특권에 기대지 않고 아이디어의 소유권이 작업 과정 안에서 자연스럽게 녹아들 때, 역할의 경계는 사라집니다.

저는 이것을 '춤'으로 묘사하는 것이 가장 적절하다고 생각합니다.

감독과의 첫 대화

협력 과정 전체가 감독의 비전에 근거하기 때문에, 일을 시작하기 전에 그 비전과 중요성을 이해하고 예술적으로 흥미를 느끼는 것이 제게는 중요합니다. 그렇지 않은 경우라면 저는 편집 제안을 **거절해야** 합니다.

나는 감독이 지닌 비전과 그라는 인간 자체가 조화로운 경우에만 일을 할 수 있습니다. 다시 말하자면 왜 하필 이 사람이 이 영화를 만들고자 하는지를 정확히 이해할 수 있는 프로젝트를 맡는다는 뜻입니다. 이 때문에 저는 일을 수락하기 전에 감독과 이 프로젝트에 대해 충분한 시간을 들여 대화합니다.

몇 시간 정도 대화를 나눈 후, 저는 산책을 제안하기도 합니다. 함께 산책을 하는 것은 서로를 알아가는 데 도움이 됩니다. 우리를 둘러싼 환경이 변하면 새로운 통찰과 대화 주제가 떠오르기도 합니다. 표면적으로는 그저 **잡담**처럼 보이겠지만, 우리는 실제로 개별적 존재로서 서로가 어떤 사람들인지를 찾아가고 있는 것입니다. 주고받는 말의 이면에 무엇이 있는지를 파악하면 저는 감독의 톤을 탐색하기 시작합니다.

제가 감독의 비전을 스크린을 통해 전달하기 위해서는, 감독이 롱 숏보다 클로즈업을 더 선호하는지 파악하는 것만큼이나 파랑보다 빨강을 선호하는지, 베토벤보다 모차르트를 좋아하는지를 아는 것이 중요합니다.

영화를 편집할 때 저는 제 모든 것을 쏟아붓는 유형의 사람입니다. 그렇기 때문에 감독의 비전과 개성을 이해하고, 그와 공감하면서 그의 영화를 저의 것으로 만드는 과정이 무척 중요합니다.

우리가 언제나 같은 생각을 하거나, 꼭 모든 것에 동의할 필요는 없습니다. 오히려 반대로, 우리가 다른 존재로서 서로 다른 강점과 약점들을 지니는 것이 좋습니다. 하지만 환상적이지만 어려운 영화 편집이라는 여정을 함께하려면, 더욱 깊은 곳에서 우리는 서로를 근본적으로 좋아해야 합니다.

창조적 기질

편집자로서 제 장점 중 하나는 감독의 속내를 읽는 데 능하다는 점입니다. 다행스러운 일이지만 사람은 제각기 다르고, 그들의 창조적 기질도 그러합니다. 창조적 기질은 프로젝트를 나아가게 하는 동력이고, 이런 기질은 작업을 위한 자료에 반영됩니다.

제 창조적 기질은 호기심과 열정으로 이루어져 있습니다. 저는 지금 작업하는 영화가 환상적인 작품이 될 것이라 믿어야 일할 수 있습니다. 저는 주어진 촬영본에서 문제가 있는 것 같은 부분보다는 제게 뛰어나 보이는 부분에 집중합니다.

물론 감독으로서 열정적인 편집자와 일하는 것은 좋은 일이지만, 저는 늘 생각 없이 응원만 하면서 웃어주는 유형의 동료는 아닙니다. 저는 스스로의 열정에서 창조적인 에너지를 얻으며, 그것이 없다면 촬영본은 제게 죽어 있는 것과 마찬가지입니다. 이것은 제가 작업하는 방식입니다. 하지만 앞서 말했듯 사람마다 창조적 기질은 모두 다릅니다.

어떤 감독들과 일할 때는 창조적 대화를 이끌어내기 위해 아주 집요하게 (거의 언쟁에 가까운) 토론을 해야만 자료를 어떻게 구성할지 그 형태를 잡을 수 있습니다. 어떤 감독들은 갈등이 생길 것 같다고 느끼면 완전히 마음을 닫기도 합니다. 갈등을 개인적인 일로 생각하는 감독들은 누군가 다른 의견을 제시하면 울기도 합니다.

다른 사람보다 더 뛰어난 창조적 에너지라는 것은 존재

하지 않습니다. 어떤 사람은 함께 일하기에 더 까다로운 사람일 수도 있지만, 함께 일하는 자체가 과정을 만들어내는 법입니다. 제게는 이것이 가장 중요합니다.

영화나 프로젝트는 감독의 책임이지만, 최상의 작업 과정을 만들어내는 것은 편집자의 일입니다. 이 때문에 저는 일하는 상대에 따라 자신을 변화시켜야 합니다. 저를 근본적으로 바꾼다는 건 부정직한 일이 될 테고, 정직이야말로 창작의 기초입니다. 그러나 각기 다른 상황에서 제 성격의 여러 다른 면을 이끌어내고, '감독 옆에 있을 때의 나의 모습'을 만들어내려고 시도하면서 우리는 협업에서 최선의 결과를 낼 수 있게 됩니다.

편집자는 최초의 관객

편집자의 가장 중요한 역할 중 하나는 '최초의' 관객이 되는 것입니다. 저는 오직 화면에 드러난 것만을 보고 제 감정으로 반응합니다. 저는 수년씩 걸리기도 하는 프로젝트 개발이나 투자 전쟁을 위해 싸우지 않았고, 감독이 경험했을 촬영 과정의 어려움을 겪지도 않았습니다. 영화가 완성되기 어려웠다거나, 돈이 많이 들었다거나, 촬영 중에 갈등이 많았다는 사실은 저와 관객들에게 중요하지 않습니다.

저는 각각의 촬영본을 접할 때 언제나 첫 경험을 하게 되는데, 모든 첫 경험이 그러하듯 그것은 오직 한 번만 가능합니다. 이런 이유로 자료를 처음 보는 경험은 제게 신성한 일입니다. 저는 이 경험을 편집 과정 내내 떠올릴 것입니다. 따라서 충분한 휴식을 취하고 맑은 정신으로 자료를 처음 접하려고 노력합니다. 저의 감각 장치들을 사용해야 하기 때문입니다. 이야기나 구조를 생각해서는 안 됩니다. 사실 영화에 대해 전혀 생각해서는 안 됩니다. 그저 경험해야 합니다.

이때는 그저 경험하면서 인간의 소통과 교류에서 큰 부분을 차지하는 서브텍스트를 감지하는 것이 중요합니다. 서브텍스트는 주로 정서적으로 작동하기 때문에 자주 의식하지는 못하지만, 그럼에도 우리의 경험에 핵심적인 요소입니다.

촬영본을 처음 훑어볼 때는 똑똑한 편집자의 역할을 자처하여 어떻게 영화를 꾸려갈 것인지를 생각해서는 안 됩니다. 그저 열린 상태로 감각하는 인간이 되어 경험하고 모든 것을 받아들여야 합니다.

무엇이 재미있나요? 무엇이 공포스러운가요? 무엇이 충격적인가요? 무엇이 환상적인가요? 무엇이 감동적인가요? 편집을 시작하고 세 달 정도 지나면 저는 무감각해질 것입니다. 재미있는 부분은 더 이상 재미있지 않을 것이고(같은 농담을 100번 듣는다고 생각해보세요) 감동적인 부분도 더 이상 감동적이지 않을 것입니다.

촬영 영상을 처음으로 함께 볼 때, 많은 감독들은 자신이 촬영한 것이 무엇인지를, 심지어는 촬영 때 무슨 일이 있었는지를 설명해야 한다고 느낍니다. 큰 착각입니다. 그들의 말이 편집자의 첫 경험을 망치기 때문입니다. 촬영본이 직접 말하게 두는 것이 훨씬 좋고, 만약 제가 이해하지 못하거나 혼란스럽게 느끼는 부분이 있다면 감독은 편집 과정에서 이를 설명해야 합니다.

이런 이유로 저는 처음으로 촬영 영상을 볼 때는 감독들에게 아무 말도 하지 말고, 대신 제가 말할 수 있게 해달라고 부탁합니다. 저는 제가 경험한 바를 말하고, 저의 첫 경험은 원본 영상 자료에 대한 일반적인 해석으로 여겨져 나머지 편집 과정에 활용될 것입니다.

이런 식으로 우리는 저의 경험과 감독의 의도를 비교해 봅니다. 어떤 부분이 일치하는지, 어떤 것을 다르게 바라보는지를 말입니다. 이제 우리는 촬영본의 내재적 힘을, 또 감독의 원래 의도와 달리 파악되는 부분을 더 잘 알게 되었습니다. 이 모든 것들로 우리가 만드는 영화가 어떤 영화인지를 진지하게 파악하기 시작할 수 있습니다.

첫 가편집

이제 우리는 전체적 구조를 늘어놓을 수 있습니다. 이 작업은 지적인 작업입니다. 보통은 화이트보드에 작은 메모들을 붙이고, 각 장면을 순서에 맞게 배열하며 이야기를 함께 만들어보는 식으로 진행됩니다.

구조는 다소 구체적일 수 있습니다. 모든 장면이 아직 꼭 맞는 자리를 찾은 것은 아니지만, 주인공과 이야기의 결정적 전환점들이 감독의 전체적 비전에 통해 선택되었기 때문입니다.

그러면 이제 처음으로 전체 편집을 시작합니다. 영화의 도입부부터 작업하는 일은 제게 거의 없습니다. 그렇게 하면 나중에 다시 편집해야 한다는 것을 경험에서 배웠기 때문입니다. 영화에서 '시작하는 부분은' 정말 어려운 일 중 하나입니다. 시작과 동시에 '훅(hook)'으로 관객을 사로잡고 매혹해야 하며, 해당 영화의 언어와 스타일을 정립해야 하기 때문입니다. 영화의 언어는 영화를 만드는 과정에서 발생하기 때문에 편집 과정 초반에는 아직 전체 영화의 모습을 알 수 없습니다.

따라서 도입부부터 건드리기보다는 제가 다룰 수 있고,

편집하고 싶은 개별 장면에서 시작합니다. 욕망의 원칙에 따르는 것입니다. 저는 간결한 장면을 선호하는데, 제가 영화와 인물 속에 더 빠르게, 더 깊이 들어갈 수 있기 때문입니다.

촬영본에 '가위질'을 하고, 진짜 일에 착수한 후에야 저는 영화를 진정으로 이해하기 시작합니다. 젊은 시절에 저는 좋은 편집자라면 촬영본을 한 번 본 후 영화의 전체 구조를 조망할 수 있어야 한다고 생각했습니다. 시간이 흐르면서 저는 이것이 불가능하다는 사실을 깨달았고, 너무 빨리 영리하게 굴려다 오히려 촬영본에 담긴 가치 있는 순간들을 간과하거나 심지어는 망칠 수도 있음을 배우게 되었습니다. 촬영본을 깊게 이해하고, 이것이 편집 과정에서 어떻게 변화할지 알기 위해서는 감독과 편집자 모두에게 그것을 파악할 시간이 필요합니다.

영화의 꿈

경험이 가르쳐준 것 중 또 하나는 촬영본 안에 진짜로 들어있는 것이 무엇인지 발견하는 데 감독은 거의 항상 편집자보다 뒤처져 있다는 점입니다. 감독은 이미 수년 동안 머릿속에 단 하나의 '영화의 꿈'을 지녀왔습니다. 이 꿈 덕분에 감독은 온갖 종류의 문제를 극복하고 작업을 지속할 수 있었을 것입니다. 여기에 더해, 감독은 자신이 움직이며 촬영했던 현실로부터 영향을 받기도 합니다.

이런 이유로 날것의 촬영본에 실제로 무엇이 들어가 있는지 바라볼 수 있도록 감독들에게 시간을 주는 것이 중요합니다. 2개월 정도 지나면 감독이 스스로 문제라고 느끼게 될 부분에 대해 편집 과정의 초반부터 미리 갈등할 필요는 없습니다. 어떤 부분을 놓고 싸울지 신중하게 골라야 하며, 무엇보다도 중요한 것은 적절한 논쟁의 순간을 찾는 것입니다. 그러지 못하면 자신감이 떨어지고 대화의 질도 낮아지게 될 것입니다.

저는 언제나 첫 가편집을 빨리 끝내려고 합니다. 첫 가편집에 아주 오랜 시간을 쏟았는데 이후 정밀하게 편집할 때 완전히 삭제되는 장면이 많았던 것을 자주 경험했기 때문입니다. 혹은 마지막 단계에 이르러 영화를 완성하려고 서두르는 시점에, 전체적인 구조의 문제가 해소되지 않아 결정적인 선택을 내려야 하는 순간 시간적 압박을 느끼는 일이 종종 있기 때문입니다. 이때가 우리에게는 가장 지치고 무감각한 시간입니다.

그런 이유로 저는 가능한 한 전체 편집 과정의 중반쯤에 가편집을 끝내려고 합니다. 영화를 시작부터 끝까지 한번 보고 나서야 이것이 맞는 길인지를 판단할 수 있기 때문입니다. 이 지점에 이르기까지는 제 방식으로 생각하기가 어렵습니다.

이게 제가 가편집을 서두르는 이유입니다. 그리고 저는 가편집 과정에서는 다시 앞으로 돌아가서 어떤 장면을 재편집하지 않습니다. 가끔 어떤 감독들은 답답해하지만, 과정이 진행될수록 이 방식을 납득하기 마련입니다. 가장 중요한 것은 세부적인 요소들에 파고들기 전에 영화의 전체 모양새를 파악하는 것입니다. 저는 세 가지 버전의 가편집본으로는 만족할 수 없습니다. 양질의 편집본이 나오려면 최소한 스무 가지 버전은 필요합니다.

어려운 선택들

편집이란 곧 선택입니다. 1초에 24프레임씩 방대한 선택의 폭이 생겨납니다. 실로 공포스러울 정도로 많은 양입니다.

저는 컴퓨터로 일하는 것을 즐기지만, 진짜 필름과 편집 테이블에서 아날로그 방식으로 편집하는 법을 배웠다는 것은 좋습니다. 아날로그 편집은 느리기 때문에 편집실에서는 어떤 결정을 내리기 전에 숙고할 수밖에 없습니다. 체스 게임을 하는 것처럼 편집을 시작하기 전에 어떤 선택이 영화 전체에 끼칠 영향을 철저히 고민해야 합니다. 또한 선택을 내린 다음에는 그 결정을 믿어야 합니다. 저는 선택한 것을 나중에 수정해야 할지 모른다는 사실 때문에 손을 떨지는 않습니다.

컴퓨터와 함께 자라난 젊은 편집자들을 가르칠 때 저는 이들이 종종 결정을 내리는 것을 회피하는 모습을 보았습니다. 한 장면에 대한 열 가지의 다른 버전을 만들고는 가장 좋은 것을 고르려고 하는 것입니다. 하지만 이렇게 함으로써 그들은 편집 과정 중 가장 우선적이고 근본적으로 고려해야 할 선택을 간과하게 됩니다.

— 이 장면은 어떤 역할을 해야 하는가?
— 이야기 전체에서 이 장면의 위치는 어디인가?
— 어떤 인물을 통해 이 장면을 경험하는가?
— 관객은 이 장면을 보며 무엇을 느껴야 하는가?

이런 현상이 나타나는 것은 컴퓨터 편집의 빠른 속도와 무한한 가능성 때문만은 아닙니다. 이것은 무엇보다도 잘못된 선택에 대한 두려움의 결과입니다. 이때 편집은 선택을 하는 작업이 아니라 선택을 취소하는 작업처럼 여겨집니다.

선택을 한다는 것은 촬영본에 더욱 몰입한다는 의미입니

다. 뒤에 있는 문을 닫으면, 앞에 스무 개의 문들이 열립니다. 그리고 그 스무 개의 문 중에서 하나를 선택하면, 새로운 스무 개의 문이 다시 열리는 과정이 계속됩니다.

　　따라서 저는 수백만 개의 문을 열어두고서 깊이 들어가지 못하는 것보다는, 한 가지를 선택하고 그 선택을 통해 영화에 방향과 깊이를 부여하는 것을 택합니다. 그렇기 때문에 제가 만든 다섯 번째 러프 컷은 첫 번째 것과는 다를 수밖에 없습니다. 항상 영화에 더욱 강력하게 몰입한 상태가 되고, 저와 감독이 영화를 이해하는 정도도 훨씬 깊어지기 때문입니다.

위기의 순간, 함께 산책을

보통은 첫 번째 러프 컷을 볼 때 위기가 옵니다. '영화의 꿈'이 현실을 만난 것입니다. 이때가 대체로 감독들이 위기에 봉착하는 순간입니다. 이게 정말 전부인가? 내가 지난 수년간 싸워왔던 모든 것인가? 나는 실패작을 만들었구나!

　　젊었을 때는 저도 감독과 똑같았습니다. 첫 번째 가편집 후 패닉에 빠졌습니다. 제가 영화 편집자로서 부족하다고 느꼈고, 감독은 훨씬 능력 있는 편집자를 고용했어야 한다고 생각했습니다.

　　하지만 첫 러프 컷이 혼란스럽고 실수로 가득하다고 하더라도 종국에 가서는 영화가 완성된다는 것, 어쩌면 매우 훌륭한 영화가 될 수도 있다는 것을 저는 경험으로 터득했습니다.

　　저도 그런 적이 있었다는 말입니다.

　　그래서 저는 감독들처럼 패닉에 빠지는 대신 제가 느낀 감정과 실망을 잘 조절하려고 노력합니다. 그러고는 산책을 가

자고 제안합니다. 물리적 환경을 변화시키는 것, 맑은 공기를 마시는 것, 그리고 몸을 움직이는 것은 새로운 관점을 얻기에 아주 좋은 방법입니다.

먼저 우리는 좌절감과 실망을 떠나보내야 합니다. 하지만 그 자체로 건설적이지는 않기 때문에, 이후에는 앞으로의 방향을 분석하고 어떤 부분이 괜찮았고 어떤 부분이 실패했는지를 파악해야 합니다.

실망의 순간에 우리는 실패한 부분에만 집중하는 경향이 있습니다. 부정적인 것에 집중하면 곧 제대로 된 부분이 하나도 없다고 여기게 됩니다. 하지만 편집 과정은 이제 막 절반을 지났을 뿐이기 때문에 여전히 많은 것들이 제자리를 찾아야만 합니다. 따라서 우리는 어떤 부분이 성공적이었는지, 어떤 것들이 제대로 작동하는지를 들여다볼 필요가 있습니다.

이것은 단지 심리적인 트릭을 써서 건설적인 방향으로 일을 진행하기 위한 것만은 아닙니다. 성공한 부분들을 보호하는 일은, 목욕물을 버리려다 아기를 함께 내다 버리는 실수를 방지하는 것처럼 중요한 일입니다.

덧붙여, 잘 작동하는 편집본들은 종종 문제 해결의 열쇠가 됩니다. 따라서 분석할 때는 어떤 것이 잘됐거나 잘못됐는지를 인지하는 것만으로는 충분하지 않습니다. 더 깊은 분석을 통해 어떤 부분이 왜 잘못 작동하는지를 이해해야 하고, 더 중요하게는 어떤 부분은 왜 잘 작동하는지를 알아내야 합니다. 어떤 것이 잘된 이유를 알고 나면, 그 방법이나 스타일 혹은 인물의 심리에 대한 이해 등을 적용해 문제가 되는 다른 장면을 해결할 수 있습니다.

리뷰와 정직함

앞에서 저는 원본 푸티지를 처음 접했을 때 제 감각을 가장 우선적인 도구로 사용하며, 이 감각들이 편집 과정을 거치면서 무감각해진다는 이야기를 했습니다.

이런 일이 일어나는 이유는 자료를 너무 많이 봐서이기도 하고, 감독이 촬영하면서 겪는 것과 마찬가지로 창작의 과정에서 저도 영향을 받기 때문이기도 합니다. 편집을 통해 생명을 얻은 '편애하는 인물들'과 자랑스러운 장면들이 생깁니다. 또한 한번도 제 의도대로 작동하지 않아서 편집하기가 아주 까다롭고 불만스러운 장면들도 생깁니다. 저는 이제 작업 중인 영화를 '신선한 눈'으로 보지 못하며 감독과 마찬가지로 '눈이 멀어버린' 상태가 됩니다.

이 시점에는 더 이상 즉각적인 정서적 경험에 의존할 수 없기 때문에, 분석이 가장 중요한 도구가 됩니다. 정서적 경험을 전혀 활용하지 않는다는 뜻이 아니라, 이것이 불완전해졌다고 본다는 뜻입니다. 우리는 아주 가끔씩만 깊은 경험을 하게 됩니다. 그외의 경우에는 영화를 봐도 정서적으로 아무 감흥을 느끼지 못합니다.

창의적 대화는 정직함을 바탕으로 하기 때문에, 저는 다음과 같은 방법론을 편집실에 도입했습니다. 감독과 둘이서 편집본을 시작부터 끝까지 감상한 후, 영화에 관한 이야기를 나누기 전에 먼저 각자 어떻게 영화를 느꼈는지를 말하는 것입니다. 이것은 영화가 잘 작동하는지 아닌지와는 관계가 없습니다. 오직 그날 감독과 제가 영화를 경험할 수 있었는지가 중요합니다.

더 명확한 경험을 한 사람이 먼저 영화를 어떻게 느꼈는지 이야기하고 의견을 냅니다. 저일 때도 있고, 감독일 때도 있습니다. 어떨 때는 둘 다 아무런 경험도 하지 못할 때도 있고, 어떨 때는 둘 다 무언가를 느낄 때도 있습니다. 우리는 단지 영화를 분석하는 것이 아니라 우리 스스로를, 그리고 우리의 경험하는 능력을 분석합니다. 원 촬영본을 발전시키고 영화로서 완성하고자 한다면 이 과정을 꼭 거쳐야 합니다.

불안과 함께하는 법

불안은 생산적이지 않으며, 결과적으로 우리를 가로막는다는 것을 모두 압니다. 그렇기에 우리는 대체로 불안을 통제하여 의식의 가장자리로 밀어내려고 합니다. 하지만 불안은 절대 완전하게 사라지지 않습니다.

의문을 갖는 것과 불안 사이에는 종이 한 장의 차이밖에 없습니다. 의문을 갖는 것은 건설적이며 필수적입니다. 의심은 끊임없이 우리가 하는 일에 질문을 던지고, 최선을 다하도록 합니다. 반면에 불안은 우리를 꼼짝 못 하게 하고 창의력을 발휘하지 못하게 만듭니다.

회의와 불안으로 가득 찬 창작 과정이란 기분 좋은 경험은 아닙니다. 잠도 잘 이룰 수 없고 좌절도 되지만 편집 과정에서 이것은 꼭 필요합니다. 위기를 극복함으로써 우리는 결정적인 깨달음을 새로이 얻고, 영화는 획기적인 전환점을 맞이하며 전진합니다.

만약 관계자들과 러프 컷을 검토하면서 위기를 겪지 않았다면, 편집실을 나와서 다른 사람들과 시사를 진행하면서 위기가 찾아올 겁니다. 이제 우리는 영화가 관객에게 어떤 작용을 하는지 관찰할 수 있습니다. 관객은 우리가 하는 이야기를 이해하고 있나요? 그는 감동했나요?

시사(screening)는 편집 과정에서 절대적으로 필요한 단계입니다. 하지만 만약 잘못된 시기에 시사 일정이 잡히거나, 이를 통해 무엇을 얻어야 할지를 모른다면 오히려 치명적이고 파괴적으로 작용할 수 있습니다.

우리가 러프 컷에서 이야기의 형태와 핵심을 찾지 못한 상태로 너무 빨리 시사를 진행한다면, 시사를 마치고 나오는 의견들 때문에 방향이 명확해지기는커녕 오히려 혼란을 겪을 수 있습니다. 마치 문장을 만들다가 방해를 받아 생각을 마무리하지 못한 경우처럼 말입니다. 스스로 결론에 도달할 기회를 얻지 못한 채, 누군가가 당신이 한 말에 의견을 덧대기 시작합니다. 다른 한편으로 타인의 반응을 듣기까지 너무 오래 시간을 끈다면, 디테일 속에서 길을 잃어버리고 그릇된 바탕 위에 구조를 쌓아 올리게 될 수도 있습니다.

많은 감독이 (자기 생각에) 영화가 어느 정도 완성에 가깝게 편집되었다고 느낄 때까지 기다렸다가 시사를 열고 싶어 하지만, 저는 첫 번째 러프 컷이 나온 이후 시사를 하자고 주장하는 편입니다. 그때 시사를 하면 우리가 구조적으로 옳은 길을 가고 있는지, 장면들의 배열 순서에 근본적인 문제가 있는 건 아닌지 등 신경 써야 할 것들을 빠르게 찾아낼 수 있습니다.

시사와 관련된 가장 큰 오해 중 하나는 초대받은 관객들이 우리가 고민하는 문제에 대한 해결책을 제시해줄 것이라는 믿음입니다. 관객들은 그저 경험하고, 그들이 경험한 바를 말해주면 됩니다.

이 시점에 우리는 이미 작업 중인 영화를 제대로 경험하기에는 눈이 멀어버린 상태이지만, 그래도 편집실에 있었던 우리만이 우리가 했던 선택에 깔려 있는 의도를 알 수 있습니다. 그 선택들이 시사가 열리는 시점까지 잘 해결되지 않았다 해도 말입니다. 아무리 경험이 많은 관객이라도 단 한 번의 시사를 마치고 말한 해결책이 가져올 결과를 이해하는 것은 불가능에 가깝습니다.

많은 경우, 문제의 해결책은 관객에게 보이는 것과는 완전히 다른 곳에 숨어 있습니다. 만약 어떤 장면이 이해하기 어렵다면, 그것은 그 장면 이전의 시점에 우리가 필수적인 정보를 주지 않았기 때문입니다. 어떤 장면이 느리게 느껴진다면, 그 이전 장면들의 속도가 너무 빠르기 때문일 수도 있습니다. 어떤 인물의 내러티브가 너무 빈약하게 전개되는 것 같다면, 다른 주변 인물이 너무 많은 관심을 받았기 때문일 수 있습니다.

이러한 이유로 인해, 다른 이들의 좋은 조언들을 액면 그대로 받아들이는 것은 치명적일 수 있습니다. 대신 영화와 나머지 자료에 대한 우리의 지식을 이용해 관객 반응의 원인을 분석해야 합니다. 시사에서 드러난 문제점들을 진지하게 받아들여야 하는 동시에, 제대로 된 진단을 내릴 수 있는 이들은 오직 편집실에서 일하는 우리들뿐이라는 것을 알아야 합니다. 그렇지 않으면 영화라는 몸에서 아주 멀쩡하게 잘 움직이는 팔다리를 잘라내는 결과를 가져올 수도 있습니다.

권력자들을 만나는 일

시사에 가장 먼저 참석하는 사람들 중에는 방송국에서 다큐멘터리의 제작·편성을 담당하는 사람들이나 영화 컨설턴트 등 영화에 투자한 이들이 있습니다. 최소한 유럽에서는 감독이 최종 편집권을 갖기 때문에 참석자들에게는 물론 대체로 공식적인 권한이 없지만, 이들은 권력을 갖고 있습니다.

그들은 명백한 영향력을 행사할 수 있습니다. 예를 들면, 영화가 특정한 방식으로 보이도록 밀어붙이거나 자신들의 TV 편성에 맞추라고 한다거나, 심지어는 그 감독이나 프로듀서와 다음부터 함께 일하지 않는 식으로 말입니다.

이런 상황은 창작자로부터 극단적인 반응을 끌어냅니다. 그중 하나는, 창작자가 이들을 권력에 굶주려 영화를 망쳐버릴 무능력한 사람들로 간주하는 것입니다. 또 다른 하나는 이 사람들의 기분에 맞추기 위해 그들의 제안을 무비판적으로 따르는 것입니다. 이 두 가지 반응은 모두 당연히 옳지 않습니다.

투자자들은 일찍이 프로젝트와 감독을 신뢰했기 때문에 수백 개의 다른 프로젝트를 제치고 이 영화에 경제적인 지원을 하기로 결정한 이들입니다. 또한 그들은 가편집 단계의 영화를 많이 봐온 사람들로서, 대부분 충분히 유능합니다.

따라서 이 창작 과정에 참여하는 다른 모두의 의견을 듣는 것처럼 이들의 의견도 들을 필요가 있습니다. 하지만 시사가 끝난 후에는 왜 이들이 그런 의견을 냈는지를 분석하는 것 역시 언제나 중요합니다. 많은 경우, 그들이 해결책으로 제시한 답은 틀렸을 것입니다. 하지만 문제가 존재함을 이해하고 우리만의 해결책을 찾기 위해 노력해야만 합니다.

저 개인적으로는 투자자들과의 회의는 보통 좋게 끝나는 편이었습니다. 그러나 간혹 투자자나 프로듀서가 자신의 권력을 이용해 무언가를 강요하려고 하면 저는 항상 감독의 편에 섭니다. 영화는 언제나 한 사람의 비전입니다. '사공이 많으면 배가

산으로 간다'는 속담도 있지 않습니까. 아주 드물게 감독에게 동의하지 않는 때도 있겠지만, 저는 언제나 감독의 결정권을 위해 싸울 것입니다.

타임코드 23.12

투자자들, 혹은 다른 똑똑한 사람들을 모아서 시사를 하면 그들이 영화가 상영되는 동안 메모를 하는 것을 보게 됩니다. 훌륭한 조언을 하기 위해 이 경험을 기억하려는 것입니다. 문제는 생각을 적기 위해 종이를 내려다보는 동안 그들이 귀중한 시각적 정보를 놓치게 된다는 점입니다.

그런데 어쩌면 더욱 위험한 것은 그들이 별개의 두 가지 과정을 뒤섞는다는 점인지도 모릅니다. 바로 영화를 경험하는 것과 그 경험을 분석하는 것입니다. 경험은 이어지는 순간들 속에서 정서적으로 감각하는 것인 반면, 분석은 이 경험에 대한 지적인 처리 결과이며 전체 영화를 본 이후에야 할 수 있는 작업입니다.

많은 경우 사람들은 꽤 자세하고 구체적인 코멘트를 하면서도 전반적인 구조의 문제나 영화의 감정적 곡선이 그려내는 실수를 잡아내지 못합니다. 현명한 피드백을 하는 것에 너무 집중한 나머지, 그 피드백의 근간이 되어야 할 영화에 대한 즉각적인 정서적 경험을 망쳐버리는 것입니다.

따라서 이들의 피드백은 잘 기능하지 않는 것들에 집중되어 있습니다. 아주 세부적일 수도 있고, 크거나 작을 수도, 뒤죽박죽일 수도 있는데다 여기에 대한 구체적인 해결책까지 함께 제안됩니다. "이 장면이 마음에 안 들어요. 잘라내야 할 것 같아요.", "타임코드 23.12 부분에서 무슨 말을 하는지 이해할 수가 없어요." 같은 식입니다.

피드백 중에는 전반적인 구조에 있어 중요하고 의미 있는 의견도 있지만, 그런 좋은 의견은 자그마한 수정사항을 제시하는 구체적인 리스트들에 짓눌리기 마련입니다. 피드백 세션이 끝나고 나면 편집실 사람들은 자신들이 실패했다고 느낍니다. 부정적인 비판만 받았기 때문에, 마치 누가 자기 자식에 대해 나쁜 말이라도 한 것처럼 감정적으로 변할 때도 있습니다.

그 후에 우리는 해결하기 쉬운(그리고 아마 우리 스스로도 얼마 뒤 알아서 발견했을) 타임코드 23.12를 비롯한 세부적인 문제를 해결하려고 노력할 것입니다. 그러는 동안 전체적인 구조의 문제와 더 해결하기 어려운 부분에 대해서는 어떠한 해결책도 주어지지 않게 될지 모릅니다.

피드백과 관련해서 또 하나의 나쁜 관습 중 하나는, 바쁜 디지털 시대에 더 흔해진 현상으로, 투자자들이 더 이상 편집실에 직접 찾아오지 않는다는 것입니다. 대신 그들은 영화를 볼 수 있는 링크를 보내달라고 하고, 나중에 의견을 담은 회신 메일을 보냅니다.

시사의 가장 중요한 부분은 영화를 보고 나서 하는 토론으로, 이때 편집실 사람들은 우리의 의도가 관객의 경험과 맞아떨어졌는지를 살필 수 있습니다. 얼굴을 보며 대화를 할 때 투자자들의 메일에는 적혀 있지 않지만 영화에는 대단히 중요한 부분에 대해 우리가 질문할 기회를 가지기도 합니다. 당신은 우리 영화를 어떻게 이해하셨는지 물어보는 것입니다. 투자자들을 창작을 위한 대화에 끌어들이고 싶지만 이런 말들은 메일로 하기 어렵습니다. 실제로 참석하는 일이 필요합니다.(정말 어쩔 수 없다면 스카이프나 전화로라도 말입니다.)

조언을 하는 방법

저는 종종 다른 사람들이 편집한 영화에 컨설턴트로 참여하고, 시사에도 자주 초대받습니다. 그런 자리에서는 저도 많은 투자자가 저지르는 실수를 똑같이 하곤 합니다. 하지만 시간이 흐르면서 이런 시사와 피드백 세션을 잘 다룰 수 있는 방법을 찾아냈습니다. 영화를 볼 때는 메모를 하지 않는 대신 저의 경험에 더욱 집중합니다. 또 해결책을 제안하려고 노력하지 않습니다. 그저 영화를 받아들일 뿐입니다.

관람이 끝난 후에는 감독과 편집자에게 제가 영화를 어떻게 경험했는지를 말해줍니다. "연민이 가는 매혹적인 남자를 보았어요. 마음에 드는 사람이에요. 그러다 어떤 일이 일어나는데, 여기에 대해선 확실히 모르겠고 혼란스러웠어요." 하는 식으로 말입니다. 어떤 지점에서 제가 정말로 그 영화에 빠져들었는지, 무엇에 정말 흥분했는지, 그리고 어디에서 혼란스러움이나 지루함을 느꼈는지를 말해주는 것입니다.

감독과 편집자는 영화를 본 저의 경험에 관심을 집중합니다. 토론의 대상은 아니지만, 그들은 제가 경험한 것과 그들이 관객에게 경험하게 하고픈 것이 일치하는지를 평가해볼 수 있습니다. 그런 다음, 저는 영화에서 느껴지는 일반적인 문제들을 이야기합니다. 가장 크게 느껴지는 세 가지만을 골라 왜 그것이 문제라고 느끼는지를 설명합니다. 다음으로는 원래 의도가 무엇인지 질문하는데, 그러면 기저에 깔린 의도와 저의 경험 사이에 놓인 간극에 대해 대화를 계속할 수 있습니다.

이런 대화를 통해서만 우리는 가능한 해결책들을 함께 이야기할 수 있습니다. 이 토론은 편집실의 의도, 원 촬영본에 대한 그들의 지식과 함께 저의 새로운 시각과 드라마투르기적 전문성을 모두 아우르게 됩니다.

이때 중요한 것은, 아무리 큰 문제가 있다고 해도 편집실 사람들에게 희망과 에너지를 심어주는 일입니다. 만약 시사가 끝난 후 제가 창작자들에게 불안감과 패닉을 심어주어 창의력을 마비시키면, 그들이 길을 잃을 가능성은 더욱 커지기 때문입니다.

함께 달리며 춤을 추는 일

영화를 편집하는 것은 마라톤에 참가하는 것과 같습니다. 때때로 편집 기간은 수년에 이를 수도 있고, 육체와 정신의 에너지 모두를 남김없이 요구하는 작업이 되기도 합니다. 큰 즐거움과 행복의 순간도 있고, 회의와 절망의 순간도 있습니다.

모든 건강한 인간관계에서처럼 갈등 또한 발생합니다. 그런 갈등이 드러나는지 아닌지는 문제가 아닙니다. 갈등이 드러났을 때 우리가 어떻게 해결할 것인지가 중요합니다. 감독과 편집자의 관계에서 가장 강력한 특징은 우리가 공통의 비전을 전하기 위해 함께 일하는 다른 두 사람이라는 점입니다. 우리가 어떻게 목표에 도달하건, 대개 그 길에는 의견 불일치가 있고, 주로 이런 의견 불일치는 창의적 대화를 통해 건설적인 방향으로 진화하게 됩니다.

그럼에도 가끔은 일 때문이 아니라 사적인 영역의 갈등이 생깁니다. 이런 문제는 주로 우리가 피곤하고, 무감각해지고,

확신을 잃었을 때 발생합니다. 우리는 이 갈등이 영화에 관한 문제라고 생각하지만, 실제로는 우리를 피로하게 만든 이 과정 전체에 대한 문제인 것입니다. 우리는 압박감을 느끼고 서로에게 싫증을 내기도 합니다. 이런 개인적 갈등은 편집 과정의 종반부에 종종 나타나는데, 가장 중요한 결정들을 내려야 할 때, 그리고 하루의 업무가 끝날 때쯤 일어납니다.

오랜 시간 동안 저는 이런 종류의 갈등을 두려워했고 굉장히 우울해했습니다. 어떻게 대처해야 할지를 몰랐던 것입니다. 저는 갈등을 매우 개인적으로 받아들였고 감독과 저를 이어주는 단단한 줄이 끊어진 것처럼 느꼈습니다.

많은 경험을 통해 저는 갈등이 결국 해소되리라는 것을 배웠고, 이것이 우리의 전문적 기술에 관한 것이 아니라 길고 고단한 협업 과정에 따른 인간적인 반응에 가깝다는 것을 깨달았습니다. 그리고 이에 대한 해결책은 실제로 굉장히 간단합니다.

갈등이 있었던 다음 날, 감독에게 사과를 합니다. 우리가 싸운 채 헤어지게 되어 미안하고, 할 수 있는 한 최고의 영화를 만들기 위해 제가 부단히 노력한다는 사실을 감독이 알아주었으면 좋겠다고 말하는 것입니다. 물론 우리가 작업하는 것이 감독의 영화이고, 감독의 비전이라는 것도 강조합니다. 간단히 사과하고 저의 헌신적인 마음을 표현하면 대부분의 갈등은 해결됩니다.

저는 편집실에서 오랫동안 다양한 사람들과 다양한 춤을 추었습니다. 그들은 저를 믿어주었고, 제가 움직일 여지를 주었습니다. 그래서 저는 경험과 창의력, 저 자신을 영화에 쏟아부을 수 있었습니다.

감독들의 영화뿐 아니라 그들의 개성에 가닿는 일은 제

게 아주 흥미로운 여정이었습니다. 이 여정을 통해 저는 깊은 우정을 오랜 시간 쌓을 수 있었습니다. 함께 영화를 만들면서 저는 아주 특별한 인연들을 만났고, 진심으로 감사를 느낍니다.

저와 함께 춤을 춘 모든 이들에게 고마움을 전합니다.

죽음 - 삶의 한 부분

DYING - A PART OF LIVING

감독.
돌라 본필스

죽음, 현실의 법칙

죽음은 최종적인 결말입니다. 우리는 평생 죽음에게서 숨으려
고 하거나 싸워 이기려고 하지만, 마지막에는 결국 받아들입니
다. 죽음과의 대비로 인해 삶에는 색채와 깊이가 생겨납니다. 죽
음은 모든 삶에 존재하며 모든 이야기에도 존재합니다. 영화《죽
음-삶의 한 부분 Dying-a Part of Living》은 죽음과 죽음의 가장자
리에 서 있는 사람들 사이에 머무르는 일에 관한 작품입니다.

병원은 인간이 죽음을 막거나 지연시키기 위해 만든 기
관입니다. 이런 기관이 어떻게 이루어져 있는지를 살펴본다면
우리가 질병, 죽음, 그리고 치유를 어떻게 바라보는지도 드러납
니다.《죽음-삶의 한 부분》은 HIV바이러스와 에이즈라는 질
환이 발견된 몇 년 뒤인 1987년, 덴마크의 한 병원 감염 질병 병
동에서 촬영되었습니다. 영화의 초점은 특별한 치료법이 없는
상태에서 삶을 위협하는 질병과 대면한 환자들이나 그들의 가
족에게 가 있지 않습니다. 대신 이 부서에서 일하는 의사, 간호
사, 요양사 들에게 집중합니다. 영화는 의료 장비를 조작하는 사
람들과 그들의 결정, 딜레마를 다룹니다.

순간을 넘어선 진짜 현실

《죽음-삶의 한 부분》은 미국의 여러 기관이나 시설에 대한 영
화를 만들어온 미국 감독 프레더릭 와이즈먼에게 영향을 받은
영화입니다. 와이즈먼은 변호사로 일하다가 보스턴대학교 법의
학 연구소에서 강의를 했습니다. 하지만 그는 그런 시설이 인간
을 닫힌 문 뒤에 가둬두는 현실을 학생들에게 보여주고 싶었습

니다. 이것이 그가 첫 영화 《티티컷 풍자극 Titicut Follies》에서 정신 병원의 폐쇄 병동을 다룬 이유입니다.

와이즈먼은 현실을 있는 그대로 보여주려 했습니다. 그의 방법론은 '벽에 붙은 파리'가 되는 것이었는데, 현실에 관여하거나 의견을 덧붙이지 않고 그저 관찰하는 기술이라고 할 수 있습니다. 이전까지 다큐멘터리 영화는 정보를 전달해야 했으며, 주로 교육용으로 사용되었습니다. 내레이터가 주제를 설명해주었고, 이미지는 이런 주제를 그려내기 위해 등장했습니다. 정부 기관들은 대중을 선량한 시민으로 만들 목적으로 영화를 제작했습니다.

당시의 표준적 다큐멘터리의 영화적 표현의 가능성은 제한되어 있었습니다. 이에 대항한 것은 와이즈먼 혼자가 아닙니다. 전 세계적으로 수많은 감독이 1960년대까지 '벽에 붙은 파리', '관찰 영화(Observational Cinema)', '다이렉트 시네마' 혹은 '시네마 베리테(cinema verité)' 등의 다양한 깃발을 든 채로 작업을 해왔습니다. '베리테(verité)'는 프랑스어로 '진실'이라는 뜻입니다. 시네마 베리테 감독들은 현실에서 진실을 발견할 수 있으며, 자신의 영화를 대중에게 보여줌으로써 대중이 세계를 이해하게 만들 수 있다고 믿었습니다.

이런 영화의 대부분은 당시 역사적으로 인기 있었던 좌파 정치 성향에 많은 영향을 받았고, 일터나 기관, 사회 운동, 사회의 소수 집단 등에 관한 공동체의 이야기를 많이 다루었습니다. 또 어떤 환경이든 쉽게 드나들 수 있도록 새로 발명된 가벼운 16mm 카메라를 이용해 적은 인원으로 촬영했습니다. 이런 영화의 주제는 제도화된 사회와 구조, 규범에 대한 반대를 담고 있었습니다. 인물이 중심이 되는 영화가 아니었기 때문에, 대체로 드라마투르기적으로는 느슨한 구성을 보이곤 했습니다. 당시 TV가 요구하는 러닝 타임은 확고하게 느슨했습니다.(29분, 52분, 58분, 90분) 따라서 이런 다큐멘터리 영화들의 길이는 다양했고, 종종 두세 시간 길이로 만들어지곤 했습니다.

저는 돌라 본필스 감독과 오랫동안 일했습니다. 돌라는 덴마크의 기관들에 대한 3부작인 《김나지움 – 교육의 한 형태 The Gymnasium – a Form of Schooling》, 《현실 속의 경찰 The Police in Reality》에 이어 《죽음 – 삶의 한 부분》을 마무리하려던 참이었습니다. 그녀의 첫 영화 《김나지움 – 교육의 한 형태》는 순수한 관찰 영화였던 반면, 우리는 조금씩 더 내러티브적인 언어를 사용하는 방향으로 나아가서 《죽음 – 삶의 한 부분》에서는 텍스트 오버레이(text overlay)와 화면 밖 인터뷰(off – screen interview)를 사용하기도 했습니다.

돌라 본필스의 주 관심사는 사회가 직면한 주요 문제와 딜레마를 이해하는 것이었습니다. 돌라만큼 연구에 많은 시간을 쏟는 감독은 별로 없습니다. 그녀는 전문가와 대화를 나누고, 다루는 주제와 관련된 아주 전문적인 논문을 읽습니다. 다큐멘터리 창작자들 대부분이 겁나서 도망칠 정도로 열심입니다. 돌라의 관심사는 우연한 순간이 아니라, 그것을 넘어서는 가치를 포착하는 것입니다.

어떤 장면이든지 그것이 촬영된 현실에 대해 알고 해석할 능력이 있는 이들은 거기에 담긴 많은 딜레마를 볼 수 있습니다. 하지만 일반적인 관객이라면 이런 기본 지식이 부족하기에, 자신들이 보는 것을 해독하는 데 애를 먹을 수 있습니다. 그렇기 때문에 우리는 의료진들과 인터뷰를 진행한 뒤 이를 화면 밖 인터뷰의 형태로 영화에 추가했습니다. 이를 통해 일반 관객들에게 영화에서 펼쳐지는 딜레마를 이해할 열쇠를 제공했고, 텍스트 오버레이를 이용해 병원과 질병에 관한 충격적인 사실들을 알려줄 수 있었습니다.

손을 통해 돌봄을 보여주기

이 영화는 환자가 아니라 의료인에 관한 이야기이기 때문에 돌라는 환자의 얼굴을 보여주지 않는 대신 의사와 간호사에게 집중하는 방식을 택했습니다. 이런 접근법은 전작인 《현실 속의 경찰》을 촬영하는 과정에서 만들어졌습니다. 범죄자나 범죄자일지도 모르는 사람을 촬영하는 일은 수많은 문제를 만들어내곤 합니다. 게다가 그 영화는 범죄자들이 아니라 경찰에 관한 것이었습니다.

　　　이 방식은 의료진에게 관심이 집중되도록 만들고, 질병으로 죽어가는 사람을 마주할 때 느끼기 마련인 감상적인 마음을 피할 수 있게 해준다는 장점이 있었습니다. 우리는 환자들의 목소리를 듣고 그들의 손을 볼 뿐입니다. 우리가 자주 의식하지는 못하지만, 손은 인간의 소통에서 중요한 부분을 담당합니다. 손은 사랑과 아끼는 마음을 표현하지만 정반대로 슬픔과 외로움을 표현하기도 합니다. 《죽음 – 삶의 한 부분》을 편집하고 있을 때는 이것을 직접적으로 의식하지 못했지만, 영화를 다시 보았을 때 저는 영화의 시각적 핵심이 손이라 느꼈습니다. 희망을 표현하고 절망을 떠올리는 손. 하지만 마침내 죽은 자의 가슴에 접혀 얹히는 손.

　　　《죽음 – 삶의 한 부분》은 두 가지 드라마투르기의 층위에서 작동합니다. 하나는 감정적인 것이고 다른 하나는 지적인 것입니다. 둘의 균형에서 이 영화의 힘이 드러납니다. 지적인 층위는 병원 같은 기관이 어떻게 작동하는지를 이해하도록 만들고, 간호사나 의사가 마주하는 문제들을 보여줍니다.

영화의 프레젠테이션 단계에서 우리는 병원의 위계질서를 구성합니다. 의사, 담당의, 간호사와 보조들의 책임은 각각 어떻게 다른지, 또한 결과 중심적으로 일하는 의사의 방식과 간병을 담당하는 간호사의 방식이 갈등을 일으킬 때도 있음을 알게 됩니다. 병원은 수많은 부품이 돌아가는 거대한 기계와 같아서, 소통이 부족할 경우 많은 오해가 생기게 됩니다.

프레젠테이션 단계를 지나면 영화는 일련의 주제를 통해 기본적 문제들을 밝혀내는 작업을 계속합니다.

— 진단은 어떻게 내려지는가?
— 환자들과는 어떻게 소통하는가?
— 의사들이 각 분야의 전문성을 더욱 강조함에 따라 환자를 종합적으로 평가하는 일은 오히려 어려워지는가?
— 병원은 눈앞의 환자를 위해 연구하는가? 아니면 미래에 올 환자들을 위해서인가?
— 환자는 자신이 받는 치료에 책임을 져야 하는가?
— 병들고 죽어가는 사람들을 돌보는 이들은 자신의 욕구에 어떻게 대처하는가?

그러나 가장 근본적으로 영화를 앞으로 나아가게 하는 주된 요소는 의료진과 진행한 화면 밖 인터뷰들입니다. 감염 질병 병동에 있는 많은 환자들이 에이즈의 다양한 단계를 지나고 있었지만, 이 영화는 에이즈에 관한 영화가 아닙니다. 1980년대 중반에는 이 질병에 대한 이해도와 치료 가능성이 상당히 제한적이었습니다. 그렇지만 이 병이 가져오는 충격적인 결과들을 통해 우리는 전체 병원의 기본적 구조와 딜레마를 알 수 있습니다.

의사들은 에이즈 환자들을 도우려 노력하는 한편, 완전히 새로운 종류의 질병을 연구할 수 있다는 점에 흥미를 느꼈습니다. 간호사들 역시 나이 많은 환자들보다 더 젊고 더 많은 것을 원하는 새로운 유형의 환자들, 하지만 아주 짧은 시간 안에 죽게 될 이 환자들을 어떻게 대해야 할 것인지를 파악해야 했습니다. 개별 환자에 대한 치료와 미래의 환자를 위한 연구 사이의 갈등은 상당히 전면에 드러나 있었습니다.

병원 자체가 주인공이 되려면

기관을 차근차근 주인공으로 자리 잡게 하려고 우리는 많은 롱숏을 사용하여 물리적 위치이자 커다란 일터로서의 병원을 보여주었습니다. 영화의 첫 번째 숏은 분필처럼 하얀 하늘에서부터 카메라가 틸트다운(tiltdown)하여 커다란 빌딩 단지를 비추는 것입니다. 이후 복도와 지하 저장고, 부엌과 창고 벽장들을 다양한 거리에서, 하지만 조밀하게 구성해 보여줍니다. 우리는 이 이미지들을 일본의 거장 오즈 야스지로 감독의 이름을 따 '오즈 이미지'라고 불렀습니다.

오즈 이미지는 주제를 전환할 때 챕터를 표시하는 용도로도 사용되었습니다. 특정한 상황에서 멀리 떨어져 기관을 하나의 물리적 공간으로 바라보는 것입니다. 이때가 유일하게 영화에서 음악(바흐의 작품)이 사용되는 순간이며, 가끔은 텍스트

오버레이가 일반적인 정보를 전달하기도 합니다. 영화에 처음 등장하는 텍스트 오버레이는 아래와 같습니다.

시기   1988
장소   코펜하겐 비도우레 병원
        900개의 병상
        22개의 전문 부서
        4,000명의 직원
연간   35,000명 입원
하루   8~9명 출산
        그리고 4~5명 사망

많은 면에서 돌라의 방법론은 전통적인 관찰 영화에 해당합니다. 지리적 화면(병원의 한 병동)이 나오고, 비교적 긴 기간(2개월간) 진행하며, 그 시간 동안 일어나는 일을 촬영합니다. 그리고 돌라 본인은 주제를 표현하기 위해서만 이 장소에 관여하고, 내러티브에는 개입하지 않습니다.

    연관된 문헌을 읽고 전문가들과 대화하는 이론적인 연구를 마친 후에, 돌라는 자신의 일터처럼 병동에 드나들었습니다. 매일 하얀 작업복을 입고 다양한 근무 시간대에 일하러 나타났으며, 하루 일과와 위계질서 등 일터에서 알아야 할 사항들을 습득하면서, 촬영하는 동안 발생할 만한 주제들 중 어떤 것을 포착해야 할지 판단하는 시간을 가졌습니다. 또한 위계상의 서로 다른 역할에 따라 여러 집단의 사람들(다양한 나이와 성별과 전문 분야를 가진 의사와 간호사)의 생활을 관찰했습니다.

    돌라는 긴 연구 시간을 통해 일터의 루틴과 일상적 활동에 대한 통찰과 지식을 얻었을 뿐 아니라, 그곳에 오래 머무르는 일을 통해 사람들을 대할 때 필요한 자신감을 얻었습니다. 촬영이 시작되자 사람들은 이미 마음을 열고 자신들의 문제를 돌라에게 이야기하고 싶어 했습니다.

하지만 아주 중요하지만 알 수 없는 요소가 여전히 남아 있었습니다. 2개월이라는 촬영 기간 동안 어떤 환자들이 입원하게 될까요? 돌라는 자신이 몇몇 환자들의 사례를 추적할 것은 알았지만, 그들이 어떤 환자들일지는 미리 알 수 없었습니다.

인류학의 방법론만은 아닌

그때 찍힌 200시간 분량의 촬영본은 오늘날의 디지털 환경을 기준으로 둔다면 많은 양은 아니지만, 당시에 16mm 카메라를 이용해 작업한 다큐멘터리 한 편치고는 아주 많은 날것의 푸티지인 셈이었습니다.

편집 과정은 모든 푸티지를 살펴보는 것으로 시작했습니다. 그러고 나서 가장 중요한 의료진이 환자의 건강 상태에 대해 서로 대화하는 장면부터 만들기 시작했습니다. 이 장면들은 촬영하기가 꽤나 까다로웠는데, 촬영감독 한 명이 많은 사람들의 회의에 모두 참석하기가 어렵기 때문이었고, 또 의료진이 대화할 때 사용하는 특수 용어를 일반 관객이 알아듣기가 어렵기 때문이었습니다.

우리가 만든 첫 러프 컷에는 구조라고 할 것이 없었습니다. 어떤 순서로 배열할지 모르는 상태에서 개별 장면을 편집했을 뿐이기 때문입니다. 러프 컷을 만들면서 우리는 주요 주제들을 명확히 하고, 걸러내기 위해 노력했습니다. 그 이후, 촬영 중에 펼쳐졌던 환자들의 사례를 작업했습니다.

물론 환자들의 이야기에는 병세가 깊어지거나 호전됨에 따라 축적된 그들만의 연대기가 내재되어 있습니다. 우리는 모든 촬영본을 장면으로 편집하고 난 다음에야 전체적인 구조를 만들기 시작할 수 있었습니다.

당시 러프 컷의 길이는 기억나지 않지만, 많은 인물들(의사와 간호사)과 주제와 환자들의 이야기가 모두 담겨 있었기 때문에, 영화는 매우 길었고 영화적 경험을 전하기에도 엉망진창이었습니다.

이어지는 과정에서는 촬영본들을 면밀히 살펴보고 근본 요소와 주제로 압축해나가는 작업을 했습니다. 내러티브 구조를 먼저 잡고 거기에 촬영본을 끼워맞추는 방식과는 반대입니다. 우리의 방식을 인류학의 현지 참여 관찰과 비교할 수도 있을 것입니다. 즉, 인류학자들이 현장으로 가서 그곳의 사람들을 관찰하고 정의하는 작업입니다. 그들은 자료를 먼저 모으고 나중에 이를 분석하고 처리합니다. 이때 결론은 미리 품고 있던 생각이 아니라 실제 환경에서 모은 지식들로부터 도출됩니다.

영화를 만드는 일이 인류학 연구와 다른 것 중 하나는 현실을 정확하게 보여주어야 할 뿐만 아니라 관객들에게 그 현실에 대한 영화적 경험을 안겨주어야 한다는 점입니다. 우리는 관객들이 이야기에 감동받기를 바랍니다.

현실을 정확히 보여주는 것과 영화적 경험을 안겨주는 것을 나누어 생각할 수는 없습니다. 두 가지는 평행한, 서로가 서로를 보완하고 지지하는 관계를 맺고 있습니다. 하지만 일단은 우리가 촬영본을 철저히 이해해야 이 지식을 전달할 수 있습니다. 동시에, 지식을 제대로 전달하려고 할 때 비로소 우리는 지식에 대한 더 깊은 이해에 도달할 수 있습니다.

중요한 건, 이런 작업이 제거하고 벗겨내는 과정으로 이루어진다는 점입니다. 하지만 이 작업이 전체 편집 과정에서 너무 이른 시점에 이뤄지면, 중요하고 의미 있는 순간을 간과하게 되어 영화 전체의 깊이와 풍부함을 줄일 위험성이 있습니다.

환자 올센의 이야기

단순화하는 작업은 촬영본들을 더 깊이 들어가기 위한 것이지, 얕게 만들기 위함이 아닙니다. 하나의 요소를 제거하면 다른 무언가가 더 강조됩니다. 처음엔 크게 의미를 두지 않았던 요소일 가능성도 있습니다.

좋은 예시로 올센의 이야기가 있습니다. 올센은 설사 때문에 입원했습니다. 겉으로는 전혀 심각해 보이지 않았습니다. 그는 친절한 64세의 신사였고, 의학이 자신의 문제를 찾아내어 치료해줄 것이며, 사랑하는 아내가 기다리는 집으로 금세 돌아갈 수 있으리라고 믿었습니다. 하지만 그는 암 진단을 받았고 결국 2개월간의 촬영 중에 사망했습니다.

첫눈에 보기에 올센의 이야기는 우리에게 눈에 띄는 종류가 아니었습니다. 그를 담당했던 간호사 아네테 역시 병원 직원 중에서도 그리 카리스마가 있는 편은 아니었습니다. 죽음을 앞둔 수많은 젊은이로 가득한 병동에서 올센의 이야기는 꽤나 평범하고 약간은 지루해 보이기까지 했습니다.

하지만 편집 도중 서서히 올센의 이야기와 아네테의 정성스러운 간호가 부각되기 시작했고, 마지막에 가서는 전체 영화의 정서적 중추가 되었습니다. 다른 많은 환자들의 병이 아주 복잡한 방식으로 전개된 반면, 올센의 병은 아주 명확하고 간결하게 진행되었다는 점이 무엇보다 큰 이유입니다.

에이즈 환자들은 망가진 면역 체계 때문에 다양한 2차 감염에 노출됩니다. 그런 이유로 이들은 의학적 지식 없이는 이해조차 어려운 다양한 치료를 받게 됩니다. 이와 대조적으로, 올센의 병세는 간단했고 이해하기 쉬웠습니다.

올센의 이야기가 전달되는 장면에 대한 짧은 묘사는 아래와 같습니다.

— 높은 직급의 의사가 회진을 돈다.
— 갓 입원한 올센이 자신의 증상을 이야기한다.
— 올센이 간호사 아네테에게 의료에 대한 자신의 믿음과 아내에 대해 말한다. 그리고 곧 집으로 돌아가면 자신보다 더 병상을 필요로 하는 환자에게 자리가 생길 것이라고 이야기한다.
— 올센이 통증을 느끼자 아네테가 병실에서 그와 있어준다.
— 의료진이 처치한 검사를 살피며 올센의 상태를 논의한다.
— 검사 결과가 나오자 의사들은 다시 한 번 토론한다. 결과는 말기암을 가리키고 있었고 그들은 치료를 포기하기로 결정한다.
— 하지만 올센의 아내에게 이 결과를 어떻게 말할지의 문제가 남는다.
— 아네테가 올센과 아내에게 진단 결과를 말해준다. 올센은 슬퍼하지만 몇 년은 더 살 수 있기를 기대

한다.

— 자신의 집에 다녀온 올센이 아주 지치고 약해져 있다. 그가 침대에 눕는 것을 간호사가 돕는다.

— 올센이 사망한다. 간호사와 보조가 올센의 시신을 안치할 준비를 한다.

이 간결하고 명확한 내러티브는 정서적 경험을 위한 틈새를 만들어냅니다. 죽음을 받아들이고 애도하는 이 보편적인 이야기 속에서 우리는 올센과의 동일시를 통해 우리 자신의 모습을 발견할 수 있습니다. 모든 이가 결국 죽는다는 사실만이 아니라, 우리가 사랑하는 사람들을 잃어버리게 될 것이라는 사실을 마주하게 되는 것입니다. 영화 속 대화가 잠시 끊길 때, 말로 하지 않는 모든 것들, 하지만 확실히 느낄 수 있는 것들에서 우리는 서브텍스트를 경험합니다.

나와 돌라는 올센의 이야기를 영화 군데군데 펼쳐놓고 이 장면들에 깔려 있는 우리의 기본적인 주제들을 펼쳐냈습니다. 큰 병원에서 나타나는 소통의 문제, 의사들의 치료와 간호사들의 간병의 차이(특히 아네테의 모습을 통해서), 끊임없이 죽음을 상대해야 하는 일터에서 어떻게 정신적으로 살아남는지 등의 주제들 말입니다.

영화는 올센에 관한 것도 다른 환자들에 관한 것도 아니지만 올센의 이야기는 영화의 정서적 중추가 되었습니다. 그의 간결한 이야기는 병원의 근본적인 딜레마를 알려주고 감정의 차원에서 느낄 수 있게 함으로써 영화를 통한 정서적 경험의 가능성을 열어주었습니다.

1980년대 초반부터 20년 이상 저는 꾸준히 돌라 본필스와 많은 작품을 만들었습니다. 조금씩 변화하긴 했지만, 우리는 동일한 방법으로 현실에 대한 주제를 다뤘습니다. 돌라와 협력하면서 저는 수많은 날것의 촬영본을 조망하고 기본적인 원칙과 딜레마 속에서 이야기를 찾아내는 법을 배웠습니다. 현실을 그 자체의 조건으로 바라보고, 큰 그림에서 눈을 떼지 않은 채 사소한 진실의 순간들을 찾아낼 수 있게 되었습니다.

다큐멘터리 영화들은 점점 관찰 영화에서 멀어져 내러티브와 인물 중심으로 변화해왔지만, 저는 이때의 경험을 간직하며 계속해서 꺼내 사용하곤 합니다.

독일인의 비밀

THE GERMAN SECRET

감독.
라르스 요한손

이야기, 다큐멘터리의 새로운 도전

1980년대 후반, 스칸디나비아반도의 다큐멘터리 영화들은 조금씩 내러티브 중심으로 변해갔습니다. 인물의 이야기가 공동체나 집단의 이야기를 대체했습니다. 드라마투르기는 중요한 도구가 되었고 다큐멘터리는 구조나 언어, 그리고 표현 방식에서 극영화를 닮아가기 시작했습니다.

앞서 말했듯 덴마크에서 극영화 작업을 할 때 조수로 했던 일은 제게 '영화 학교'를 다닌 것과 같았습니다. 스물세 살 이후로는 직접 극영화 편집을 했습니다. 극영화 사이사이에 다큐멘터리 편집도 했지만, 교조적인 목표를 가진 정보 전달성 영화나 현실에 대해 엄격하게 거리를 두고 어떤 개입도 하지 않는 관찰 영화의 방식에는 불만을 느꼈습니다.

저는 이야기를 전달하고 관객들의 감정을 이끌어내고 싶었습니다. 제가 극영화 일을 하며 배운 모든 도구를 활용해보고 싶었습니다. 이 시기에 새로운 세대의 다큐멘터리 감독들이 나타났는데, 이들은 영화가 다루는 주제보다 영화적 스토리텔링에 관심을 가지고 있었습니다.

이런 면에서 저는 시대와 잘 맞았고, 스칸디나비아반도의 다큐멘터리를 지배하게 된 내러티브적 경향의 전방에 서게 되었습니다. **이야기**가 새로운 금언이 되었습니다. 다큐멘터리 영화가 극장에 걸리기 시작했고 관련 산업이 부흥했습니다. 저는 이런 상황에 열광했습니다. 이미지와 이야기를 다큐멘터리의 틀에 적용하고 큰 화면을 통해 관객들에게 가 닿을 수 있었던 것입니다. 저는 관련 세미나를 열고, 강의를 하고, 기고를 하며 열정적으로 새로운 도전을 받아들였고, 다른 다큐멘터리 창작자들이 이야기를 전하는 데 있어 더 좋은 실력을 갖출 수 있도록 도와주었습니다.

《독일인의 비밀 The German Secret》은 이런 내러티브적 경향을 명확히 주장하는 작품이었고, 저의 드라마투르기 기술과 좋은 이야기를 전달하려는 욕망을 모두 쏟아부은 영화였습니다.

대답을 듣지 못한 수많은 질문들

현실이 그저 혼돈인 것은 아닙니다. 현실은 가장 뛰어난 시나리오 작가의 상상마저 뛰어넘는 이야기로 가득 차 있기도 합니다. 어쩌면 현실의 혼돈이 매우 예측하기 어렵고 모호한 이야기들을 만들어내기 때문에, 질서를 원하는 인간의 욕구로는 도저히 그런 것들을 만들 수 없다고 할 수도 있습니다.

《독일인의 비밀》은 드라마틱한 이야기입니다. 탐정 이야기이면서 사랑 이야기이고, 동시에 예측할 수 없는 사건과 놀라움으로 가득합니다. 이 이야기는 제2차 세계대전 시기 한 강인한 인물의 희망과 그리움 그리고 행적을 다룹니다. 이야기의 주인공은 키르스텐이라는 여성으로, 어머니의 발자국을 뒤쫓아가며 어머니를 이해하거나 용서하려는 인물입니다.

키르스텐은 1946년 독일의 한 수용소에서 태어났습니다. 태어난 지 1년 반이 지난 후 그녀는 덴마크인 어머니와 함께 덴마크로 돌아왔고, 어머니는 조부모의 손에 그녀를 맡기고 키르스텐의 인생에서 사라졌습니다. 키르스텐은 아버지가 누구인지 전혀 몰랐고 왜 어머니가 독일에 있었던 건지도 몰랐습니다. 전후 덴마크에는 독일인 혐오가 팽배했고, 그녀가 살았던 작은 마을에는 키르스텐의 어머니인 시그네와 독일인 장교 펠릭스에 관한 이야기가 무성하게 퍼졌습니다.

나중에 가끔 방문하는 시그네에게 키르스텐은 항상 같은 질문을 했습니다. "제 아버지는 누구인가요? 펠릭스인가요?" 어머니가 답하지 않자, 키르스텐은 자신의 아버지가 펠릭스라 넘겨짚었고 자신이 '독일인의 사생아'라고 생각했습니다.

시그네는 자신이 죽기 직전에야 키르스텐에게 진실을 말해주었으나 거짓말과 배신으로 얼룩진 모녀 관계 때문에 키르스텐은 그 말을 믿지 못했습니다. 그래서 어머니가 사망하고 몇 년이 흐른 후, 키르스텐은 어머니가 진실을 말한 것인지 알아내기 위한 여행을 떠납니다.

누가 주인공인가?

어머니 시그네가 들려준 이야기는 환상적이었고, 좋은 이야깃거리였기 때문에 극영화로도 쉽게 만들 수 있을 것 같았습니다. 요약하자면, 시그네는 스물셋이었을 때 독일인 장교였던 펠릭스와 사랑에 빠졌습니다. 1942년에 그는 독일 점령군의 일원으로 덴마크에 와 있었습니다. 비록 '적과의 동침'이었고 둘 다 배우자가 있었지만, 둘은 서로 감정적으로 교감했고 시그네는 펠릭스와 살기 위해 남편과 헤어지기까지 했습니다. 펠릭스가 독일로 돌아오라는 발령을 받고 이후로 무기 공장을 관리하도록 체코슬로바키아로 파견되면서 둘의 행복한 시간은 끝납니다.

1945년 아내가 폭격으로 사망했고 펠릭스는 세 아이와 남겨졌습니다. 3주 뒤, 시그네는 펠릭스와 함께 살기 위해 폭탄으로 폐허가 된 독일로 찾아갔습니다. 그들은 홀로코프라는 체코의 작은 마을에서 재결합했으나, 독일은 무너지기 직전이었으므로 러시아군을 피해 서쪽으로 피신해야 했습니다. 그들은 아주 극적으로 피난해 다행히도 독일이 항복하기 전 미국령에 도착하는 데 성공했습니다. 펠릭스는 미군에 체포되었고, 시그네는 생모가 아니라는 것을 들켜 아이들을 빼앗기기 전까지 펠릭스의 세 아이와 함께 살았습니다.

시그네는 미국인들에게 통역을 해주며 생계를 유지하면서 전쟁으로 피폐해진 독일에서 펠릭스가 돌아오기를 기다렸습니다. 그녀는 미군 장교인 엘머 조지와 짧은 연애를 했는데, 그때 임신을 하게 되었습니다. 한편 펠릭스가 관리하던 무기 공장이 러시아군의 점령지였기 때문에 펠릭스는 러시아군에 넘겨져 러시아 노동 수용소로 추방되었습니다. 시그네는 덴마크로 돌아와 국경에서 체포되었고, 덴마크 교도소에서 반년을 보낸 후 런던으로 이사해 재혼했습니다. 펠릭스는 러시아 수용소에서 4년을 보냈습니다. 그와 시그네는 서로를 찾으려 했지만 전후의 혼란 속에 끝내 실패했습니다.

시그네의 이야기는 훌륭한 비극적 로맨스로, 못마땅해하는 주변 시선과 전쟁의 공포에 맞선 연인이 결국 영원히 이별하게 된 이야기였습니다. 이 이야기는 굉장했지만, 모두 과거에 일어난 일이었습니다. 영화의 **전사**(前事)인 것입니다. 시그네의 이야기는 강력하고 드라마틱하며, 또 표면적으로 '환상 동화'의 모든 요소를 가지고 있었지만, 우리가 영화를 통해 전하려 했던 이야기는 키르스텐의 내면의 여정과 진실을 향한 그녀의 탐색이었습니다.

이야기한다는 것에 관하여

감독인 라르스 요한손은 덴마크 영화학교에서 촬영감독으로 훈련을 받았지만, 얼마 지나지 않아 다큐멘터리 영화를 연출하기로 마음먹었습니다. 키르스텐은 그의 아내였습니다. 그녀를 만났을 때부터 라르스는 이 이야기를 알고 있었지만, 키르스텐의 어머니가 돌아가신 후에야 이것을 영화로 만들 수 있었습니다.

키르스텐이 어머니의 자취를 좇는 여정을 촬영하기 전에, 우리는 새로운 정보가 생기기를 기대했습니다. 시그네의 이야기에는 구멍들이 뚫려 있었기 때문이고, 또 시그네가 과거에 있었던 일에 대해 침묵하며 일생을 살아온 탓에 키르스텐의 마음에는 불신이 깔려 있었기 때문입니다. 키르스텐이 어머니의 이야기가 진실이라고 믿는 일이 가능할까요?

시그네의 이야기는 확실히 영화의 현재 시점 이전에 일어난 이야기입니다. 우리는 그녀의 이야기를 핵심 요소와 주요 전환점으로만(위에서 설명한 것과 같이) 압축한 뒤 영화적 현재에 있는 키르스텐과 함께 여행을 떠날 수도 있었습니다. 하지만 이것은 좋지 않은 스토리텔링일 것입니다. 그래서 우리는 《독일인의 비밀》에서 시그네의 이야기를 영화의 3분의 2 지점에 이르기까지 여기저기 흩뿌려놓았습니다.

시그네가 있던 장소들과 그녀가 50년 전 독일에서 극적인 삶을 살며 만났던 인물들을 찾는 키르스텐의 여정은 이야기를 하기 위한 엔진으로 작동합니다. 하지만 가장 중요한 것은 이 여정이 영화의 주인공인 키르스텐에게 어떤 영향을 미치느냐 하는 것입니다.

영화는 키르스텐의 아픔을 먼저 확립하면서 시작합니다.

이 이야기는 그녀의 눈을 통해 경험되어야 합니다. 그녀는 갓난 아기일 때 어머니에게 버림받았고, 고통 속에 자랐으며, 아버지를 알지 못한 채 평생을 살았습니다. 이 고통을 시작부터 명확하게 보여주는 것이 중요했습니다. 그 이유는 시그네의 사랑 이야기가 너무나 강력해 키르스텐의 이야기를 가려버리고 관객의 동일시를 가로챌 수도 있었기 때문입니다.

키르스텐에게 독일로의 여행은 내면의 여정이었습니다. 그녀의 목표는 어머니가 초래한 큰 아픔에도 불구하고 어머니의 행동을 이해하는 것, 어쩌면 심지어 그녀를 용서하는 것이었습니다.

키르스텐이 탐정처럼 움직이며 정보를 확인하는 외면의 여정은 촬영감독 헨리크 본 입센(Henrik Bohn Ipsen)이 촬영했습니다. 하지만 저녁이 되어 호텔에 돌아온 뒤에는, 라르스가 키르스텐과 대화하며 그 시간을 직접 촬영했습니다. 편집실에서 우리는 이 푸티지들을 '푸른 방'이라고 이름 붙였습니다.

클로즈업으로 찍은 저녁의 영상들에서 키르스텐은 그날의 경험을 되짚어보며 이 여행으로 인해 자신과 어머니의 관계가 어떻게 변화하기 시작했는지를 돌아봅니다. 키르스텐은 종종 피곤해 보이고 꽤 가라앉아 있습니다. 이 장면들은 아주 사적이며, 최소한 겉으로는 많은 정보를 담고 있지 않은 듯이 보입니다. 하지만 이 '푸른 방'에서야말로 진짜 이야기가 펼쳐집니다.

패배한 이들의 이야기

키르스텐이 영화의 초반에 이런 말을 합니다. "어렸을 때는 엄마가 무서웠어. 내가 만난 사람 중 가장 차갑다고 생각했지. 하지만 동시에 엄마는 내가 본 사람 중 가장 아름다운 사람이었어."
공포와 미움과 존경심은 키르스텐의 여행이 시작되는 지점입니
다. 여행에서 키르스텐은 어머니가 죽기 직전 해준 이야기가 사
실이었음을 입증하는 정보를 얻게 되고, 심지어는 시그네의 용
기와 아름다움에 감명을 받았던 사람들을 만나게 됩니다. 이 사
람들은 전쟁으로 고통받았던, 그러나 지금 되돌아보면 그저 '잘
못된 편에 서 있었던' 평범한 독일인들이었습니다.

영화의(그리고 키르스텐의) 큰 전환점은 펠릭스의 자녀들
을 만나는 부분입니다. 이제 성인이 된 이들은 평생 키르스텐과
같은 아픔을 지니고 살아왔습니다. 그 고통은 개인적인 것이 아
니었습니다. 키르스텐과 펠릭스의 자녀들이 수백만의 다른 독
일인들과 함께 공유하는 전쟁의 아픔이었습니다. 서서히 키르
스텐은 자신이 혼자가 아니었음을 깨닫고 독일인들의 운명에
공감하게 됩니다.

이런 영화의 주제를 강화하기 위해 우리는 아카이브 자
료를 사용했습니다. 수년에 걸쳐 라르스는 덴마크 TV에 나오는
제2차 세계대전에 관한 영화들을 모두 녹화해서 자신과 키르스
텐의 연구 자료로 삼았습니다. 저는 이 영상들을 모조리 건네받
은 뒤 사용할 만한 이미지가 있는지 빠르게 살펴보았습니다. 얼
마 지나지 않아 저는 같은 사진들이 계속해서 등장한다는 사실
을 발견했습니다. 이 이미지들은 승리자들의 이야기를 증거하
는 것들로, 거듭 말해지며 매우 단순화된 2차대전의 이야기였고
이 역사적인 사건에 대한 일반적 인식을 만들어냈습니다.

하지만 우리는 패배한 이들의 이야기를 하고 싶었습니
다. 히틀러나 독일 장군 이야기가 아니라, 전쟁에 의해 상처받은
진짜 사람들 말입니다. 민간인들, 여자들, 그리고 아이들. 그래

서 우리는 더 규모를 키워 거의 공개된 적이 없는 독일의 아카이브와 파운드 푸티지 자료를 들여다보기 시작했습니다. 거기엔 우리의 목적에 맞는 관점들이 담겨 있었습니다.

　　우리는 영화의 현재에 존재하는 키르스텐의 여정과 과거에 존재하는 시그네의 이야기에 이 아카이브 자료를 안팎으로 엮었고, 과거와 현재가 하나의 통일된 영화적 이야기로 보이도록 했습니다.

　　키르스텐은 여행에서 독일인들에게 공감하게 되면서, 어머니의 행동을 더 잘 이해할 수 있었습니다. 그녀는 이 사실을 영화의 3분의 2 지점에서 말합니다. "내 이야기는 항상 어딘가 특별하다고 생각했는데, 이 사람들을 만나고 보니 모두 각자의 이야기가 있었고, 내 이야기는 전혀 특별한 것이 아니었어. 운명을 공유하는 공동체가 여기에 있었고, 우리 엄마도 그곳의 일원이었던 거야. 엄마는 거기 살 때 독일인들과 같은 운명을 공유했던 거야. 그리고 나 역시도 그런 느낌을 받았어."

내 아버지는 누구인가

키르스텐이 지닌 고통의 큰 부분은 어머니가 자신을 원하지 않았다는 것이므로, 아버지의 정체에 관한 질문은 더욱 중요해집니다. 앞에서 언급했듯 시그네가 덴마크로 키르스텐과 조부모를 만나러 올 때마다 키르스텐은 아버지에 대해 물었고, 매번 같은 대답을 들었습니다. "네가 상관할 바가 아냐." 그런데 키르스텐이 열다섯 살 때 어머니와 말싸움을 할 때, 갑자기 시그네가 말했습니다. "펠릭스는 네 아빠가 **아니야.**" 당연히 질문이 뒤따랐습니다. "그럼 누군데요?" 그리고 다시 항상 듣던 답이 돌아왔습니다. "네가 상관할 바가 아냐."

　　우리는 이 정보를 영화 중반부까지 공개하지 않았습니다. 그 지점까지 관객은 키르스텐의 아버지가 펠릭스라고 믿었고, 이제 키르스텐이 처음 그 말을 들었을 때와 동일한 충격을 함께 받게 될 것입니다. 동시에 영화에는 새로운 엔진이 시동을 겁니다. '그렇다면 내 아버지는 누구인가?' 이 정보를 지연시키면서 우리는 영화 속의 긴장을 강화하고, 뒷일을 예측할 수 없는 전환점을 만들어냈습니다.

　　키르스텐은 성인이 될 때까지 자신의 아버지가 미군 장교였던 엘머 조지라는 것을 몰랐습니다. 그 후 미국에서 그를 찾아보지만 실패합니다. 아버지를 향한 탐색은 영화를 촬영하면서 다시 시작되었습니다. 더 많은 자원과 인터넷 검색에 힘입어, 그가 사는 곳을 알아낼 수 있었습니다.

　　엘머 조지는 전후 독일에 남아 하이델베르크의 미군 기지에서 일했고, 지금은 은퇴했지만 여전히 독일에 살고 있었습니다. 이를 통해 영화의 마지막 4분의 1 부분은 온전히 현재 시점으로 진행되며, 사건들은 '지금 여기'에서 일어나게 됩니다. 라르스는 키르스텐과 함께 살고 있었기 때문에 이 사건들을 아주 가까이에서 따라갈 수 있었습니다.

　　편지와 통화를 주고받은 후에도 엘머 조지는 키르스텐을 만나고 싶어 하지 않았습니다. 그럼에도 키르스텐과 라르스는 독일로 그를 찾으러 갔는데, 결국 성공하지 못했습니다. 엘머 조지는 키르스텐과 한 번도 만나지 못한 채 세상을 떠납니다. 《독일인의 비밀》의 결말은 외부의 사건과 내면의 성장이 하나의 지점으로 모이게 된 '진정한 현재'에서 전개됩니다.

한 번에 하나씩만

《독일인의 비밀》은 내러티브적으로 복잡한 영화입니다. 시간대를 왔다 갔다 하고(이는 어려운 스토리텔링 장치 중 하나입니다), 두 명의 강력한 캐릭터가 존재하며, 그중 하나인 시그네는 아주 복잡한 외적 역사를 갖고 있습니다(하지만 이것은 모두 과거의 이야기로만 존재합니다). 반면 주인공인 키르스텐의 이야기는, 최소한 영화의 4분의 3 지점까지는 내면적입니다. 이에 더해 아카이브 자료라는 층위도 영화에 포개어집니다.

한 번에 하나의 이야기만을 전달하는 것이 스토리텔링에서 중요한 것과 마찬가지로, 편집 과정에서도 한 번에 한 요소를 작업하는 것이 영리한 선택입니다. 마치 저글링을 하는 것과도 같습니다. 여덟 개의 공을 바로 던지고 받기 시작한다면 두 개의 공으로 시작하는 것보다 배우는 속도가 느릴 것입니다. 두 개의 공을 다룰 수 있게 된 다음에야 다른 물건을 추가할 수 있습니다. 자신이 무엇을 저글링하고 있는지 아는 것 역시 중요합니다. 공과 원뿔, 모자 사이에는 큰 차이가 있기 때문입니다.

저는 《독일인의 비밀》 제작의 초기 단계에서 합류했습니다. 처음 촬영된 자료는 키르스텐이 자신의 관점에서 전체 이야기를 들려주는 네 시간짜리 인터뷰였습니다. 하루 종일 다른 영화 작업을 하다 집으로 돌아온 저는 인터뷰의 일부만 살펴보려고 했었지만 결국 그 자리에서 네 시간을 계속 보게 되었습니다. 키르스텐은 뛰어난 이야기꾼이었고, 이 이야기에는 예측이 불가능한 반전이 많았기 때문에 도저히 멈출 수가 없었습니다. 우리는 이 첫 푸티지에 '노란 방'이라는 이름을 붙였습니다.

나머지 촬영은 수년에 걸쳐 진행되었습니다. 그동안 저

는 라르스와 만나 여러 논의를 했습니다. 이 과정에서 우리는 라르스가 저녁에도 키르스텐을 촬영하며 매일 그날의 경험에 대해 물어보는 것이 좋겠다는 결론을 내렸습니다. 이것들은 바로 '푸른 방' 자료들입니다.

푸티지에 이름을 다르게 붙여 분류하는 것은 많은 양의 촬영본을 정리하거나 전체적인 느낌을 잡기 위해서만은 아닙니다. 이것은 무엇보다도 영화 안에서 장면들이 수행하는 드라마투르기적 기능을 확립하는 데 유용합니다.

'노란 방'은 키르스텐이 어린 시절 경험과 어머니의 여정에 대해 이야기하는 전사(前史)입니다. '푸른 방'은 키르스텐이 자신만의 여정을 하는 동안 현재에 느끼는 생각들이며, 여기서 주제는 어머니와의 관계에 대한 내적 발전입니다.

하지만 더욱 드라마적인 이야기를 만들기 위해서는 조금 더 독특한 느낌과 더 큰 시각적 역학이 필요하기 때문에, 우리는 키르스텐이 어머니와의 관계를 숙고하는 동안 사용할 또 하나의 층위를 생각해냈습니다. 키르스텐이 자전거를 타고 덴마크의 여름 풍경 사이를 지나가는 장면을 롱숏으로 찍은 것입니다. 이 '풍경 속에서 자전거 타기' 이미지는 '푸른 방'과 긴밀하게 사용되었지만, 덜 사적이고 거리감이 느껴졌기 때문에 색다른 시각적 변화를 줄 수 있었습니다.

제가 처음으로 편집한 자료는 키르스텐과 시그네의 전사를 다룬, 영화의 중추가 되는 네 시간짜리 인터뷰인 '노란 방'이었습니다. 저는 이것을 한 시간 반 정도 분량으로 줄였습니다. 그 이후에는 키르스텐의 현재 시점 여정을 이야기 안에 엮기 시작했습니다. 러프하게 편집된 인터뷰를 통해 영화적 내러티브가 드러나기 시작하는데, 인터뷰 속의 말들은 이제 이미지로 대체될 수 있었고 관객의 기대를 자극하기 위해 휴지(pause)를 사용하기도 했습니다.

　'노란 방'과 키르스텐의 현재 여정에서 균형 감각을 잡게 되자, 아카이브 자료를 삽입하는 작업을 했습니다. 시그네가 돌아다녔을, 폭탄으로 폐허가 되고 가난해진 독일의 이미지들이었습니다. 이것은 관객과 키르스텐이 시그네의 행동을 더 잘 이해하게 도와주었습니다.

　다큐멘터리 영화를 만들 때에는 종종 촬영과 편집이 미끄러지듯 전환되기도 합니다. 특히 촬영이 수년에 걸쳐 이어질 때 그렇다. 촬영이 진행 중일 때 편집을 하는 것은 창작자들이 놓치고 있는 정보나 애초의 푸티지에는 들어 있지 않던 테마를 강화할 기회를 줍니다. 그 외에도, 하나의 이야기에는 편집 과정에 돌입하기 전까지는 알 수 없는 수많은 층위가 있습니다.

　《독일인의 비밀》을 촬영할 때도 그랬습니다. 우리는 중요한 정보나 몇몇 과거 이야기의 설정이 누락된 것을 보고 '노란 방' 푸티지를 추가로 촬영했습니다. 또한 '지휘 본부'(키르스텐과 라르스의 거실)라고 불렀던 자료도 촬영했는데, 여기에서 키르스텐은 컴퓨터를 이용해 정보를 검색하거나, 전화를 돌리고, 오래된 사진들을 살펴보거나 (영화에 등장하는 아카이브 자료와의 연결을 만들기 위해) 제2차 세계대전에 관한 영화들을 보기도 했습니다.

주변 이야기들의 이야기

하지만 편집 과정의 비교적 후반부까지 여전히 해결되지 않는 이야기가 있었습니다. 키르스텐의 아버지, 미군 장교였던 엘머 조지의 이야기였습니다. 시그네가 키르스텐의 어린 시절 대부분 동안 부재했다는 점과 키르스텐이 펠릭스를 아버지라고 믿었다는 것은 친부를 만나고 싶다는 욕망을 거의 집착에 이를 정도로 들끓어오르게 했습니다.

우리에게는 자신을 보고 싶어 하지 않는 아버지, 결실을 맺지 못한 독일로의 여행, 편지와 전화 통화에 좌절감을 느끼는 키르스텐을 담은 강력한 영상이 있었습니다. 그리고 이 모든 것이 '진정한 현재'에 발생했습니다. 엘머 조지 이야기는 영화의 끝자락에 등장하는 데다 '진정한 현재'에서 일어나는 일이었기 때문에, 우리가 말하고자 했던 모녀 관계 이야기에서 무게 중심이 옮겨지는 결과를 초래했습니다. 엘머 조지라는 주변 이야기가 갑자기 중심 이야기가 되어버린 것입니다.

처음에는 단순히 조지가 키르스텐을 만나고 싶어 하지 않았다고 말하는 것으로 이 이야기를 매듭짓고 원래의 모녀 관계 이야기를 계속해보려 했습니다. 하지만 사전 시사회의 관객들은 만족스러워하지 않았고, 여전히 엘머 조지에 관해 많은 질문을 던졌습니다. 한 영화에 있는 두 개의 이야기를 영화가 잘 잡아내지 못했던 것입니다.

우리는 엘머 조지를 찾는 내용을 최소한으로 줄임으로써 관객이 키르스텐과 친부가 재회하기를 바라는 마음이 감정적으로 크게 느껴지지 않도록 했습니다. 엘머 조지는 전체를 망가뜨려버린 '편애의 대상'이었을까요? 모두가 '사적인 감정을 제거하라'는 조언을 알고 있지만, 영화에서 매우 멋진 부분을 잘라내야 할 때는 다른 해결책을 찾고 싶기 마련입니다.

그러다 우리는 마지막 순간에 죽음을 통해 구원받았습니다. 편집을 진행하던 중에 엘머 조지가 죽은 것입니다. 키르스텐에게 단 한 번도 만날 기회를 주지 않은 채, 사진 한 장 남겨주지 않은 채.

　　라르스는 키르스텐이 아버지의 부고가 담긴 편지를 받는 장면을 촬영했고, 이 장면은 우리에게 주변적 이야기를 잘 마무리할 수 있게 정서적 해소감을 주었습니다. 2주가 흐른 후, 우리의 조사원으로부터 또 다른 편지가 왔고, 거기에는 엘머 조지의 사진이 들어 있었습니다.

　　엘머 조지는 키르스텐의 큰아들과 닮은 것으로 드러났습니다. 사진을 자세히 들여다본 키르스텐은 조지의 오른쪽 뺨에 난 사마귀를 발견했는데, 마침 그녀에게도 똑같은 사마귀가 있었습니다. 큰 기쁨이 차올랐습니다. "그가 나의 아버지였어! 엄마가 진실을 말해준 거야!"

　　첫 번째 편지에서 큰 슬픔과 실망을, 두 번째 편지에서 우리의 중심 이야기로 우아하게 연결되는 기쁨을 주면서, 위의 두 장면은 영화의 주변 이야기에 결말을 제공했습니다.

쉬운 답은 존재하지 않는다

영화의 주요 주제가 '용서'였기 때문에, 키르스텐이 어머니와의 관계에서 보여주는 변화는 정말 중요했습니다. 영화는 버려진 아이가 간직한 두려움과 매력으로부터 시작되면서 키르스텐에 대한 공감을 이끌어냅니다. 우리가 영화를 감정적으로 경험하는 것은 모두 그녀를 통해서입니다. 하지만 아카이브 자료와 더불어, 어머니를 알았던 사람들을 만나면서 시그네에 대한 연민도 커져갑니다. 우리는 시그네를 역동적이고 용감한 여성, 일생의 사랑을 위해 싸우던 여성으로 보기 시작합니다.

　　우리는 연민과 반감이라는 축을 기준으로 영화를 작업했

습니다. 이 축은 서서히 시그네를 향한 이해와 연민으로 기울지만, 영화 전체를 통해 우리는 계속해서 키르스텐의 고통을 떠올리게 됩니다. 어머니의 자취를 따라가는 여정에서 그녀가 어머니에 대해 알게 된 사실이 마냥 긍정적이지만은 않았기 때문입니다.

영화는 시그네의 80세 생일에 키르스텐과 시그네가 나란히 앉아 있는 아마추어 촬영 푸티지로 끝을 맺습니다. 배경으로는 키르스텐이 어머니의 임종을 옆에서 지키게 될 줄은 상상도 못했다고 말하는 목소리가 들립니다. 해피 엔딩입니다.

하지만 그때, 마지막 반전이 주먹처럼 우리의 배를 때립니다. 시그네의 마지막 유언장에 키르스텐의 이름이 없는 것입니다. 돈도 유품도 그녀에겐 남겨주지 않습니다.

관객은 끝내 키르스텐이 어머니를 사랑하게 되었는지에 대한 답을 얻을 수 없습니다. 관객들로부터 제가 들었던 반응은 상당히 제각각이었습니다. 저는 영화가 관객과 함께 살아갈 때, 관객이 영화 속에서 자신의 모습을 발견하고 인생의 경험과 가치에 근거해 자신만의 결론을 도출할 때, 그제야 영화가 비로소 마무리된다고 믿습니다.

나는 영화를 통해 질문에 답을 주려고 한 적이 없습니다. 그랬다면 영화는 하나의 판결문이 되었을 것이고 인간으로서 우리가 어떠한지, 또 전쟁과 같이 무조건 옳고 무조건 그른 것이 없는 극단적 상황에서 우리는 어떻게 행동하는지를 단순하게 만든 모습만을 보여줬을 것입니다. 그러나 쉬운 답이란 존재하지 않습니다.

비행 - 자유 여인의 고백

FLYING – CONFESSIONS OF A FREE WOMAN

감독.
제니퍼 폭스

사적 영화의 물결

1990년대에는 전세계적으로 다큐멘터리 영화는 '벽에 붙은 파리'처럼 숨어서 관찰하거나 세상을 있는 그대로 보여주는 것에서 감독의 손이 더 잘 보이는 방식으로, 즉, 소위 '내러티브'라고 부르는 '현실 다시 말하기'로 변화되고 있었습니다.

이런 경향을 극단적으로 보여준 것이 바로 '사적 영화(Personal Film)'의 물결로, 스칸디나비아반도에서 많이 나타났습니다. 사적 영화에서는 세계를 보는 감독의 주관적인 시선이 지배적인 힘으로 작용하는 것뿐만 아니라, 감독 자신이 카메라 앞에 서서 영화의 주인공 역할을 합니다.

사적 영화는 영화 편집자에게 특별한 역량을 요구합니다. 감독은 자신의 주관적인 경험으로 인해 판단력이 흐려져 있기 때문입니다. 쉽게 말하자면, 자신을 내면에서 보면서(주관적) 동시에 바깥에서 보는 것은(객관적) 어려운 일입니다.

이런 종류의 영화를 작업할 때 편집자는 인물(감독)을 구성하고 감독이 자신의 삶을 이야기로 바라보도록 도울 때 더 많은 책임감을 가져야 합니다. 주관적인 것에서 보편적인 면을 찾은 후에야 사적인 내러티브가 모든 사람을 위한 것으로 승화될 수 있기 때문입니다.

카메라 넘겨주기

《비행 – 자유 여인의 고백 Flying – Confessions of a Free Woman》(이하 《비행》)은 미국인 감독 제니퍼 폭스의 사적인 작업입니다. 이 작품은 제니퍼가 겪은 인생의 위기에서 시작되었습니다. 마흔

두 살이 된 그녀는 임신 사실을 알게 되었습니다. 그전까지 영화 창작자와 선생님으로 세계를 돌아다니면서 여러 파트너와 신나는 삶을 즐기던 '자유 여인' 제니퍼는 자신의 어머니처럼 되고 싶지 않았습니다. 결혼을 해서 아이를 갖고 싶지 않았다는 말입니다. 그녀는 임신한 뒤 현대적 여성으로 사는 법에 대한 어떠한 참고서도 없다는 걸 깨달았습니다. 그런 이유로 제니퍼는 카메라를 들고 모험에 나섰고, 오늘날 세계에서 여성으로 산다는 것의 의미를 탐구하려고 했습니다.

제니퍼가 자신의 작품에 직접 등장한 것은 이때가 처음이었습니다. 그녀의 전작들은 스타일 면으로는 다양했지만 모두 가족과 관련된 주제를 담고 있었습니다. 경험이 많은 감독인 제니퍼는 작품에 직접 등장할 때 카메라 앞에서 스스로를 꾸미게 될 위험이 있음을 잘 알고 있었습니다. 그래서 제니퍼는 카메라를 항상 지니고 다니며 아침에 일어날 때부터 밤에 잠들 때까지 모든 것을 촬영했습니다. 이 방식으로 자신이 촬영되고 있다는 사실을 잊기를 바랐던 것입니다.

제니퍼는 또한 '카메라 넘겨주기'라는 촬영 방식을 고안했는데, 자신과 자신이 인터뷰하는 여성이 서로 카메라를 주고받는 것이었습니다. 인터뷰에서 일반적인 역할을 제거하기 위해서였습니다. 제니퍼는 자신이 인터뷰하는 여성을 촬영하는 것처럼 상대방 여성도 제니퍼를 촬영하도록 했습니다.

이 영화의 중추는 제니퍼가 여성들과 대화를 나누며 그들의 삶에 자신의 삶을 비추어보는 것입니다. 처음에 그녀는 뉴욕에 사는 자신의 친구들을 인터뷰했는데, 나중에는 인도, 파키스탄, 러시아, 캄보디아 등의 여러 장소를 방문해 세계 곳곳의 여성들을 만납니다.

내가 편집하는 게 맞는 걸까

감독이 주인공인 영화를 작업해본 적은 있었지만, 모두 프로젝트 시작 전부터 감독과 제가 친구였던 경우뿐이었습니다. 이미 우정이 두텁고 서로를 믿었기에 제가 그들의 사적인 세계로 자연스럽게 들어가는 것이 쉬웠습니다. 그런데 전혀 모르는 제니퍼에게 협업을 제안받았을 때 저는 자신이 이 프로젝트의 적임자인지를 확신할 수 없었습니다. 무엇보다, 여성 편집자를 찾는 것이 더 낫지 않을까요?

우리는 코펜하겐에서 만났습니다. 영화 속 인물인 자신을 외부에서 바라보는 제니퍼의 능력에 저는 깊은 인상을 받았습니다. 우리는 영화 투자를 이끌어낼 수 있는 피칭 용도의 트레일러를 함께 편집하기로 했습니다. 이를 통해 프로젝트에 대해 더 깊이 논의하고 서로를 알아가면서 본편을 함께 작업할 것인지 결정을 내릴 시간을 일주일 정도 얻을 수 있었습니다. 협업은 순조로웠고 우리는 90분짜리 다큐멘터리 영화를 만들 충분한 돈을 받아낼 수 있었습니다.

그 후로 3년간, 제니퍼는 새로운 여성 정체성을 탐구하며 세상을 돌아다녔습니다. 정기적으로 제게 전화해 진행 과정을 논의하고, 자신이 만난 멋진 여성들에 대해 이야기해주기도 했습니다. 원본 푸티지가 쌓여가면서 이 많은 이야기를 어떻게 90분짜리 다큐멘터리로 만들지 고민이 되었습니다. 제니퍼가 이를 한 편의 영화가 아니라 시리즈로 만들어야 할지도 모르겠다는 의견을 주었습니다. 저는 뉴욕으로 건너가서 이미 촬영된 자료를 살펴본 후 시리즈를 만들 만큼의 강력한 내러티브가 존재하는지 함께 상의하기로 했습니다.

뉴욕에서 저는 이 영화가 서양의 한 중산층 여성의 정체성에 관한 이야기에서 여성, 남성, 어린이, 또 성(性)에 관한 훨씬 큰 이야기로 발전해갔음을 깨달았습니다. 제니퍼와 멀찍이 떨어져 있을 때 저는 그녀가 세계 곳곳에서 계속 촬영을 이어가는 데 약간은 회의적이었습니다. 그러나 이제는 다른 문화의 여성들과 가졌던 만남이 우리 자신의 문화를 새로운 관점에서 보게 했음을 깨달을 수 있었습니다.

하지만 그보다 더 중요한 건 어쩌면, 그들의 많은 차이점에도 불구하고, 뉴욕에 살든 뉴델리에 살든 세계의 여성은 많은 공통점을 가지고 있음을 제가 깨달았다는 점입니다. 저는 더 이상 회의적이지 않았습니다. 우리에게는 시리즈로 만들기에도 충분한 자료가 있었고, 이것들을 '그저' 제니퍼의 이야기로만 편집해버린다면 아까운 일이 될 터였습니다.

보이스오버를 사용하기

시리즈를 편집해본 경험은 별로 없었지만, 이야기꾼으로서 저는 이 형식에 매력을 느꼈습니다. 90분짜리 영화에서는 할 수 있는 말이 한정되고, 주요 인물에 대한 단순한 전개만 가능합니다. 보조적 인물들은 종종 주요 인물과 연결되는 관계에서만 기능하도록 축소되고, 따라서 클리셰가 될 수도 있습니다.

시리즈에서는 주요 인물에 대해 아주 많은(심지어는 모순되는) 층위를 쌓을 수 있으며 뉘앙스를 부여할 시간이 충분합니다. 동시에 보조 인물들을 심화시켜 온전한 존재로 만들 수도 있습니다. 이런 면에서 시리즈는 문학의 소설 형식과 닮았습니다.

영상을 시리즈로 만들기로 결정한 후, 제니퍼는《섹스 앤드 더 시티》라는 TV 프로그램에 대해 이야기했습니다. 지루한 호텔 방에서 TV 채널을 이리저리 돌렸을 때 잠깐 본 것을 제외하면 저는 이 드라마에 대해 잘 알지 못했습니다. 우리는 가까운 DVD 대여점에 가 두세 시즌 분량을 빌렸습니다. 내용은 다소 피상적이었지만, 주인공의 자조적인 보이스오버는 우리가 사용할 수 있는 도구라고 생각했습니다.

전에 제니퍼가 《아메리칸 러브스토리》(에피소드당 한 시간, 열 편으로 구성된 HBO의 시리즈)를 제작해보았던 것에 비해, 앞서 말했듯이 저의 시리즈 경험은 제한적이었습니다. 반면, 저는 보이스오버 작업에 대해서는 아주 잘 알고 있었습니다.

많은 다큐멘터리 창작자들은 영화를 표현하는 데 보이스오버가 적합하지 않다고 생각합니다. 주로 TV 저널리즘에서 보이스오버를 사용해 정보를 전달하고 나중에 이미지를 이용해 보충하기 때문입니다. 이때의 이미지는 이미 말로 전달하는 정보를 묘사할 뿐입니다. 이 방식은 완전한 '너무 많이 말하기'로, 이런 것을 덴마크에서는 '버터에 지방을 끼얹는다'라고 표현합니다.

한편으로 저는 이미지와 사운드를 비롯해 스크린상의 모든 것이 이야기를 구성하는 여러 영화를 작업했었는데, 보이스오버는 추가 정보를 제공함으로써 경험의 지평을 넓혀주었습니다. 보이스오버는 효과적인 스토리텔링 도구이며, 어떤 장면에 내재되지 않은 필수 정보를 전달해줄 수 있습니다. "1,000년 후 달에서는…." 그리고 부릉! 한 번의 컷 전환으로 관객이 혼란을 느끼거나 새로 방향을 잡는 데 에너지를 쓰게 하지 않고 시공간을 뛰어넘을 수 있습니다.

드라마투르기 면에서도 보이스오버는 영화 후반부에 회

수되는 복선과 같은 구조를 만들기 위해 사용할 수 있습니다. 《비행》에서 보이스오버는 시리즈의 드라마투르기적 중추가 되어 수많은 대화와 여행을 하나의 이야기로 묶어주었습니다. 이런 식으로 우리는 '폭스'(편집실에서 영화의 주인공을 지칭할 때는 제니퍼의 성씨인 '폭스'로 불렀습니다)의 발전 방향과 속도를 조율하고 그녀에게 더 가까이 다가갈 수 있었습니다.

　　많은 사적 영화가 가진 문제는 종종 자기 연민으로 끝난다는 점입니다. '불쌍한 나'라는 톤 때문에 관객은 공감하기보다는 거리를 두게 됩니다. 《섹스 앤드 더 시티》의 보이스오버에서 착안하여 우리는 폭스의 캐릭터에 모순과 유머를 부여했습니다. 비록 이 이야기는 《섹스 앤드 더 시티》와는 완전히 다른 진지함을 지니고 있었지만 말입니다.

　　이 영화는 제 인생의 이야기가 아니었기 때문에, 보이스오버를 통해 자조적인 톤을 넣는 것이 어렵지 않았습니다. 따라서 많은 경우 제가 직접 보이스오버의 초안을 작성했습니다. 서투른 영어 실력 때문에 제가 사용한 말들은 매우 단순했는데, 한 번만 듣고 지나치는 보이스오버로는 그게 오히려 좋았습니다.

　　보이스오버를 쓰면서 저는 항상 큰 소리로 읽어보았습니다. 혀끝에서 자연스럽게 나오는가? 아니면 단어를 버벅거리게 되는가? 저는 여백이 많은 짧은 문장을 주로 사용했습니다. 이것들은 편집의 리듬, 음향, 영상, 그리고 음악과 함께 대화 장면에 스며든 리듬의 패턴처럼 들렸습니다. 좋은 보이스오버는 뉴스 앵커가 나열하는 정보라기보다는 오히려 한 편의 시에 더 가깝습니다. 《섹스 앤드 더 시티》가 우리에게 준 또 하나의 깨달음은 우리는 둘 다 더 폭넓은 관객에게 닿고 싶어 한다는 사실이었습니다. 우리는 영화의 깊이를 해치지 않으면서도 관객이 즐길 수 있는 작품을 만들고 싶었습니다.

남성으로서의 약점을 인정하는 일

앞서 말했듯이 제니퍼는 카메라를 몸의 일부처럼 만들었고 3년이 넘는 시간 동안 촬영했습니다. 따라서 집에 돌아왔을 때 그녀는 1,500시간이 넘는 엄청난 양의 원본 푸티지를 가져왔습니다. 제가 이 영상들을 다 보려면 1년이 넘게 걸릴 터였습니다. 너무 많은 자료 속에서 길을 잃지 않기 위해서는 정리와 기록이 필수적이었습니다.

그래서 우리는 자원봉사자 팀을 모아 테이프들을 훑어보며 해당 테이프의 내용에 대한 짧은 설명과 함께 장소, 인물, 낮/밤, 분위기, 비주얼, 그리고 장면에 대한 기록자의 주관적인 감정을 페이퍼 로그(일종의 데이터베이스)로 만들었습니다.

제니퍼와 저는 동갑이고 둘 다 1970년대의 자유로운 사상적 분위기 속에서 자랐다는 점도 비슷했습니다. 하지만 우리의 다른 점을 잊지 않는 것 또한 중요했습니다. 저는 남성으로서, 그리고 유럽인으로서 즉각적으로 인지하지 못한 것들이 있었고, 따라서 차이점을 유지하는 일은 보편적인 스토리텔링을 지향하는 데 훨씬 도움이 되었습니다.

그럼에도 《비행》에는 편집자가 남성인 것이 문제가 되는 아주 중요한 지점이 있었습니다. 바로 여성의 섹슈얼리티입니다. 저는 한 번도 저의 젠더로 인해 위험에 처할 수 있다는 생각을 해본 적이 없습니다. 그러나 모든 여성은 남성으로부터 강간의 공포를 느끼는 상황을 경험해본 적이 있었습니다.

물론 이것을 머리로는 이해할 수 있었지만, 감정적인 수

준에서 이해할 수 있기까지는 제게도 아주 긴 대화의 시간이 필요했습니다. 제가 이 내용을 클리셰로 만들지 않고 편집을 통해 전달하기 위해서는 꼭 필요한 과정이었습니다. 편집자로서 제게는 이것을 인지하는 것이 매우 중요한 일이었습니다. 우리는 모두 약점을 가지고 있습니다. 이것을 보완하는 유일한 방법은 우리에게 그 약점이 있음을 인정하는 것입니다.

타인의 고통을 느끼기

인생은 많은 시련을 주고, 인간에게 실망을 안깁니다. 그러나 그 시련이 우리를 망가뜨리지만 않는다면 우리는 시련을 통해 새롭고 더 깊은 통찰을 얻을 수 있습니다.

앞서 언급했듯이 저는 첫 장편 영화를 스물네 살에 편집했고, 서른 살이 되기도 전에 아카데미상 후보에 오른 영화를 편집했습니다. 제 커리어는 흥미진진했지만 저는 알코올에 빠져들었습니다. 술은 제 직업 인생을 망칠 뻔했을 뿐 아니라 저를 거의 죽일 뻔했습니다. 살고 싶은가, 아니면 죽고 싶은가 하는 무거운 질문을 직면한 후에야 저는 술을 끊을 수 있었습니다.

모든 중독이 그러하듯, 저의 충동으로 인해 상처받는 사람들은 제가 가장 사랑하는 이들입니다. 알코올 의존자는 자기파괴로 인해 수치감과 모욕을 느낄 것이고, 천천히 자신이 지녀왔던 가치와 사회적 관계들을 포기하며 오직 술병만이 옆에 남는 근본적인 외로움을 경험하게 됩니다.

제가 스스로에게 입힌 상처를 치유하는 데에는 수년이 걸렸고, 나 자신을 용서하는 데에는 더 오랜 시간이 걸렸습니다. 하지만 이제 저는 제가 겪은 일들에 감사할 수 있습니다. 누구도 이런 일을 겪지 않기를 바라지만 말입니다.

이렇게 감사할 수 있는 이유는, 제가 하는 일이 개인적인 고통을 건설적으로 활용할 수 있는 것이기 때문입니다. 무엇보다도 알코올 의존증은 제게 겸손을 가르쳤습니다. 저는 다른 사람들보다 나은 사람이 아니며, 따라서 누군가를 비난할 수 없다는 것입니다. 이 때문에 저는 온갖 사람의 정체성으로 들어갈 수 있었습니다. 그들이 표준 규범을 따르든, 부도덕하든, 멍청하든, 심지어는 '악인'이든 말입니다.

이 사실은 편집을 통해 캐릭터를 구성할 때 큰 도움이 됩니다. 편집자는 영화에서 끊임없이 무언가를 지워나갑니다(한정된 시간과 공간에서 캐릭터를 묘사해야 하므로). 알코올 의존자였던 경험이 모든 인간을, 비록 비율의 차이는 있을지언정 선과 악이 공존하는 존재로 바라볼 수 있게 해준 것입니다. 만약 제가 그려낸 인물이 이 두 성질을 모두 가지고 있지 않다면, 그들은 그저 스테레오타입이 됩니다.

저는 타인의 존재 속에서 고통을 느낄 수 있고, 저의 어두웠던 여정을 다시 밟아가면서 고통받는 이를, 예를 들면 제니퍼가 성폭력을 당했던 경험을 정서적으로 이해할 수 있습니다.

고통스러운 감정을 주고받는 데에는 거리감과 이해가 모두 필요합니다. 만약 고통이 너무 크면, 영화는 자기 연민과 감상으로 가득 차고 관객의 공감을 가로막을 것입니다. 감독 스스로의 고통이 너무 많은 공간을 차지해 관객은 진이 빠지게 되고 관객 자신의 고통을 인지할 수 없게 됩니다.

고통은 삶의 빛을 볼 수 있는 시선을 선사하는 그림자 같은 것입니다. 아마도 제가 알코올 의존증으로 죽을 뻔했지만, 결국에 살기를 선택했기 때문일 것입니다. 타인의 고통이 언제나 해피 엔딩으로 끝날 수는 없다는 걸 압니다. 하지만 우리는 고통이 그저 우리를 피해자로 만들게 내버려둘지, 고통을 삶에 깊이를 더하고 의미를 부여해줄 새로운 차원이 되게 할지 선택할 수 있습니다.

우울한 방 세 개

THE 3 ROOMS OF MELANCHOLIA

감독.
피리오 홍카살로

보편적 동일시

영화 편집자로서의 저를, 아니 인간으로서의 저를 근본적으로
새로운 곳에 이르도록 해준 몇 편의 영화가 있었습니다. 그 영화
들을 작업할 수 있었던 건 제 커리어의 축복이었습니다. 《우울
한 방 세 개 The 3 Rooms of Melancholia》도 그중 하나입니다.

1990년대까지 저는 스칸디나비아반도에서 지배적인 스
토리텔링 형식이었던 내러티브 다큐멘터리 영화로 큰 성공을
거두었습니다. 편집자로서 저의 강점은 많은 양의 자료 속에서
이야기들을 찾아내고, 있을 법한 인물들을 만들어내는 능력이
었습니다. 반면 편집자로서 저의 약점은 시각적인 미학에 관한
것이었습니다. 핀란드 출신의 피리오 홍카살로 감독은 강력한
시각적, 미학적 톤을 가지고 있습니다. 그녀는 촬영감독으로 훈
련받은 전통적인 작가(auteur)이며, 편집을 거의 직접 해왔습니
다. 그러니 각자의 배경을 고려할 때, 우리가 함께 일하는 것은
그리 자연스러운 귀결이 아니었습니다.

《우울한 방 세 개》는 핀란드와 덴마크가 공동제작하는
영화였기 때문에 덴마크에서 받은 지원금은 덴마크 측의 창작
기여 부분에 사용해야 했습니다. 그래서 피리오는 덴마크인 편
집자를 찾기로 했습니다. 저는 피리오의 전작들을 잘 알고 있었
고 그녀가 중요한 창작자라고 생각합니다. 하지만 동시에 뛰어
난 아티스트들은 종종 함께 일하기가 쉽지 않아서 다소 회의적
이었습니다.

피리오는 코펜하겐에서 덴마크 편집자들과 만났고, 저
역시 그녀가 묵는 호텔에서 한 시간가량 만났습니다. 프로젝트
에 대해 많이 이야기하지는 않았지만 우리의 대화는 빠르고 자

유로웠습니다. 배우 마를레네 디트리히를 언급하며 비밀을 가진 것처럼 보이는 배우의 중요성을 이야기했던 것이 기억납니다. 우리는 서로가 마음에 들었고 저는 호기심마저 생겼습니다. 저는 헬싱키로 가 일주일간 촬영본을 살펴본 뒤 함께 일할 것인지 결정하기로 했습니다.

말하지 않고 대화하기

피리오는 직접 작품을 편집하는 것에 익숙했기 때문에 우리는 각자의 컴퓨터로 일했습니다. 핀란드의 겨울을 우리는 오직 영화와 고양이, 그리고 사우나만 있는 오래된 농장에 틀어박혀 보냈습니다. 피리오의 컴퓨터가 말썽을 일으켜서 사전에 별다른 상의 없이 제가 영화의 첫 번째 챕터를 작업하기 시작했습니다. 첫 번째 챕터의 러프 컷을 완성하고 나서는 피리오가 이것을 이어받아 자신이 원하는 방향으로 계속해서 작업했습니다. 그 후 제가 다시 그것을 돌려받아 그녀가 만진 부분들을 참고하면서 더욱 심화하는 작업을 했습니다.

　　우리는 영화에 관해 많이 말하지 않았는데, 오히려 말이 이 경험을 진부하게 만들거나 어쩌면 편집 과정에 오해를 만들 수도 있다고 생각했기 때문입니다. 하지만 그렇다고 우리가 핀란드의 어두운 겨울을 줄곧 고요하게 보낸 것은 아니었습니다. 편집 중인 영화에 대해서는 거의 언급하지 않았지만, 저녁이면 예술과 정치, 삶에 관한 즐거운 대화를 나누곤 했습니다.

　　《우울한 방 세 개》는 세 개의 챕터로 구성된 영화입니다. 첫 번째 챕터 '갈망(Longing)'은 상트페테르부르크의 소년들이 기숙하며 군인 훈련을 받는 군사학교에서 펼쳐집니다. 가장 어린 소년들은 일고여덟 살 정도였고, 많은 수가 가정에서 방치되거나 알코올 의존자의 자녀였습니다. 노숙 생활을 했던 아이들도 몇몇 있었습니다. 아무도 우리 영화의 주인공은 아니었습니다. 과거사는 간결하게 언급되지만 캐릭터로 발전하지 않습니다. 대신 소년들은 하나의 젊은 운명으로 합쳐집니다.

두 번째 챕터 '숨(Breathing)'은 폭탄 투하로 황폐해진 체첸 지방의 수도 그로즈니에서 펼쳐집니다. 민간인과 아이들도 체첸 전쟁을 피해갈 수 없었습니다. 이 챕터는 폐허 속에서 평범한 삶을 살고자 하는 이들의 분투를 보여줍니다. 챕터의 마지막에 하디잣이라는 이름의 한 여성이 세 명의 어린 소녀를 거두어 키웁니다. 소녀들의 어머니가 너무 아파 그들을 돌볼 수 없었기 때문입니다. 하디잣은 소녀들을 태우고 피폐한 도시를 돌아다닙니다.

세 번째 챕터 '기억하기(Remembering)'는 이웃한 잉구셰티야 공화국의 난민 캠프를 다룹니다. 여기에서 하디잣은 체첸의 어린이들을 위한 보육원을 만듭니다. 어린이들의 트라우마와 바로 옆에서 벌어지는 전쟁이 무거운 분위기를 만들어내는 가운데, 하디잣이 데려온 소녀 중 하나는 이슬람식 이름을 부여받는 의식을 치릅니다.

《우울한 방 세 개》는 주요 인물이나 앞으로 나아가는 내러티브가 없는 영화입니다. 그리하여 다큐멘터리 편집자로서 저의 모든 경험은 시험에 처하게 되었습니다.

피카소의 마지막 황소

현실은 혼돈스럽습니다. 이것을 영상으로 담으면 보통은 스토리와 사람들과 서브텍스트가 가득한 자료가 되어 온갖 방향으로 확장되곤 합니다. 따라서 편집 과정에서는 현실의 혼돈을 단순화하고 정제하여 연속성과 이해 가능성을 가진 하나의 경험으로 만드는 것이 중요합니다.

몇 년 전, 저는 황소를 그린 피카소의 미완성 작품 세 점을 보았습니다. 첫 번째 그림은 거의 사진처럼 사실적으로 묘사되어 디테일이 섬세했고 현실에서 보는 황소를 아주 정확하게 보여주고 있었습니다. 다음 그림에서 피카소는 선을 더 적게 사용해 작업했습니다. 마지막 그림에서는 오직 여섯 개의 선만을 사용했습니다! 그때 그림에 남아 있는 것은 오로지 황소의 정수로, 힘과 강인함과 정력, 그리고 무엇보다 아름다움이었습니다.

이 그림들은 우리가 편집실에서 하는 일에 대한 은유와 같습니다. 우리는 단지 현실을 있는 그대로 보여주는 것이 아니라, 즉 황소를 황소로 보여주는 것이 아니라, 현실을 해석하고 제거의 과정을 통해 그것의 핵심을 찾습니다.

《우울한 방 세 개》의 편집을 시작했을 때, 저는 평소대로 단순하고 명백하게 만드는 작업부터 시작했는데, 얼마 지나지 않아 이 방식에 근본적인 문제가 있음을 깨달았습니다.

많은 다큐멘터리 감독과는 달리 피리오는 많은 장면을 촬영하지 않았습니다. 《우울한 방 세 개》의 촬영본 비율은 1:6으로, 영화의 최종본과 비교해 여섯 배 더 많은 원본 영상을 촬영했을 뿐이었습니다. 대부분의 장편 영화도 이보다는 훨씬 많은 비율의 원본 영상을 촬영합니다. 다큐멘터리에서 이 정도의 비율은 들어본 적이 없을 정도였습니다. 피리오는 현장에서 많은 시간을 보내지만, 촬영을 하는 대신 장소와 사람들을 관찰하고 배웁니다. 하지만 그녀는 스스로도 말했듯이, "촬영 버튼을 누를 때는 자신이 원하는 것을 정확히 알고 있습니다."

《우울한 방 세 개》의 첫 번째 챕터에는 두 소년이 교실에 앉아 지루해하며 공상을 하는 장면이 있습니다. 전체 장면은 두 소년의 클로즈업을 교차 편집한 것이 전부입니다. 우리는 교실의 모습이나 칠판 앞에 선 선생님을 보지 못합니다. 보통 이런 장면에는 '커버리지(coverage)'를 넣습니다. 선생님이 칠판 앞에 서 있는 롱숏, 또는 교실로 들어오거나, 앉아 있거나, 책을 꺼내는 학생들의 다양한 숏들 말입니다. 말하자면, 이미지는 외부의 행위를 따라갑니다. 그러나 피리오의 촬영분에는 그저 네 소년의 클로즈업만이 있었고, 우리는 이 중 둘만 사용했습니다.

어쩌면 평범하게 편집을 하면서, 여러 번의 전체 편집을 거쳐 결국 같은 결과에 도달할 수도 있을 것입니다. 하지만 그런 경우에는 시각적 자료가 동등한 힘을 갖지 못하거나(짧은 시간 안에 많은 것들을 촬영해야 하기에) 혹은 편집 작업자들이 표면적인 행위에만 집착할 가능성이 큽니다.

촬영 단계에서 이미 피리오는 자신의 자료들을 정제했기 때문에, 제가 한층 더 정제하려 하자 영화는 평범해지고 스테레오타입처럼 되고 말았습니다. 따라서 저는 평소의 방식과는 반대로 일해야 했습니다. 명확성을 만드는 것이 아니라 미스터리와 모호함을 만들어내야 했습니다.

관객이 해석하게 하는 영화

모든 영화의 90% 정도는 다소 상투적일 수 있는 선형적 구조를 활용합니다. 여기에서는 모든 요소가 앞으로 향하는 운동성을 지닙니다. 관객들은 영화에서 이 운동성을 경험하고, 이 경험은 풀리지 않은 질문에 대한 답을 얻고자 하는 데에서 동력을 얻어 앞으로 나아갑니다.

두어 개의 실험 영상을 제외하면 《우울한 방 세 개》는 제가 편집해본 영화 중 선형적 구조를 가지지 않은 유일한 영화입니다. 《우울한 방 세 개》는 주제와 주제에 따른 전조, 그리고 이차적 주제가 있는 하나의 교향곡처럼 구성되어 있습니다. 이미지와 행위들은 세 개의 다른 챕터에서 반복되지만 각기 새로운 맥락을 부여받고, 따라서 해석에 대한 새로운 가능성을 열어주는 동시에 친숙한 무언가를 메아리치기도 합니다.

이 영화가 가지는 명상적인 울림은 행위를 앞으로 나아가게 하는 것이 아니라 거꾸로 관객들이 영화 속에서 움직일 수 있는 가능성을 열어줍니다. 이런 도구는 영화 언어에서는 잘 쓰이지 않습니다.

이때 표면의 행위들은 우선순위가 아닙니다. 이미지, 음악, 소리, 그리고 리듬이 더 중요합니다. 이 영화는 많은 방식으로 해석할 수 있는 음악 작품과 비슷합니다. 피리오는 이렇게 표현합니다. "나는 풍경화를 그려 관객들을 초대하고, 그들이 그 속을 거닐며 자신의 역할을 선택하게 한다."

보통 저는 편집실을 나오기 전에 영화가 어떻게, 그리고 왜 제대로 작동하는지 이해하는 편이지만, 《우울한 방 세 개》의 경우에는 편집 과정이 끝나고도 한참 후에야 어떻게 이 영화가 잘 작동할 수 있었는지 이해하기 시작했습니다.

제가 이런 작품을 작업해본 적이 없기도 했지만, 더불어 이 영화의 핵심은 언어로 표현될 수 없었기 때문입니다. 여기에 더해, 전체 편집 과정은 두 컴퓨터 간의 비언어적 대화로 이루어졌습니다.

그런 이유로 저는 편집을 끝낸 후 수년이 흐른 다음에야 어떻게, 그리고 왜 이 영화가 잘 만들어진 것인지를 머리로 이해했습니다. 이것은 관객들의 반응을 접하면서 이루어진 결과이기도 하지만, 또한 강의를 하고, 마스터 클래스를 가지면서 저는 이 영화와 지적으로 교감할 수 있었습니다.

앞서 저는 동일시가 어떻게 관객의 경험에 하나의 열쇠가 될 수 있는지를 이야기했습니다. 그것은 인간으로서 우리가 자신을 넘어 스크린 위에 나타난 타인의 경험으로 들어갈 수 있는 능력과 연관되어 있습니다.

하지만 《우울한 방 세 개》에는 이런 종류의 동일시를 가능케 할 주요 인물도, 내러티브도 없습니다. 대신 이 영화는 제가 '보편적 동일시'라고 부르는 것을 가지고 있습니다. 《우울한 방 세 개》는 전쟁에 관한 영화입니다. 영화의 전체적인 틀은 체첸에서 일어난 전쟁이지만, 이 영화는 모든 전쟁과 그것이 민간인들에게 남기는 결과도 말하고 있습니다.

어린이들은 영화의 중심에 있습니다. 하지만 우리가 동일시할 수 있도록 개별 어린이들의 감정과 그들의 전쟁 경험을 하나의 시점으로 다루지는 않습니다. 그랬다면 영화는 쉽게 감상적으로 기울었을 것입니다. 피리오는 클로즈업을 많이 사용하기는 하지만, 이 어린이들에게서 거리를 두고 외부에서 관찰(촬영)합니다.

어린이들은 그저 자신들의 놀이를 하고, 꿈을 꾸고, 감수성을 갖고 있을 뿐입니다. 그들은 어쩌다보니 전쟁의 중심에 있습니다. 이들은 세계의 다른 아이들과 다를 바 없지만, 그들을 둘러싼 세상은 전쟁에 휩싸여 있습니다. 전쟁은 갈등이며, 갈등은 우리에게 정치적 성향과 세계에 대한 이해에 근거해 편을 들라고 강요합니다.

어린이들에게 집중함으로써 피리오는 관객들이 체첸 전쟁에서 특정한 편을 선택하는 것을 방지합니다. 어린이는 순수하고 보살펴야 할 존재이며 종교, 지역, 문화를 막론하고 우리 모두에게 속해 있다는 보편적인 인식이 존재합니다. 따라서 하나 혹은 여럿의 인물과 동일시하게 만드는 대신, 《우울한 방 세 개》는 모든 어린이에 대한 우리의 공통적인 책임 의식에서 비롯된 공동체적 동일시를 활용합니다.

막 편집을 시작했을 무렵, 피리오가 부끄러움 때문에 이 영화를 만들고 싶었다고 제게 말했던 기억이 납니다. 저는 이 영화가 피리오의 부끄러움을 관객에게 넘겨주어 그들도 부끄러워하도록 하는 데 성공했다고 생각합니다.

우리는 관객들에게 누가 '착한 사람들'이고 누가 '나쁜 사람들'인지 알려주는 쉬운 해결 방법을 주지 않습니다. 반대로 러시아와 체첸의 어린이들이 아마도 이 전쟁을 계속 이어갈 사람들이 될 것을 받아들입니다.

어린이의 순수함과 감수성은 사라질 것이고 그들은 새로운 전쟁에 동원되어 그들의 자녀들이 다시 피해자가 될 것입니다. 관객은 우리가 아이들을 위해 더 나은 세상을 만들지 못한다는 사실에 깊은 슬픔을 느낍니다.

감상주의와 영성

《우울한 방 세 개》를 편집하기 전, 저는 항상 감정을 극대화하려 노력했습니다. 전에 덴마크영화연구소(Danish Film Institue)에서 일했던 한 영화 컨설턴트는 저를 '감상적인 것의 달인'이라고 불렀습니다. 칭찬으로 한 말이었고, 저도그렇게 받아들였습니다. 관객들을 울고 웃게 하라. 영화는 감정적 경험이며, 우리는 예술이나 지적 오만함 뒤에 숨어서는 안 됩니다. 우리는 느낌으로 소통해야 합니다.

물론 영화에 느낌을 주입하면 영화를 순전한 감상주의에 치우치게 만들어, 이미 가진 편견을 강화하기만 하는 클리셰 덩어리를 만들어낼 위험성도 있습니다. 이 경우 느낌은 영화의 결말을 향해 쌓여가고, 결국 우리가 애초에 가지고 있던 세계관을 확인해줄 뿐입니다. 다음 날 일어나면 우리는 그 영화를 잊어버립니다.

전쟁과 어린이라는 주제에도 불구하고 《우울한 방 세 개》는 감상적인 영화가 아닙니다. 피리오는 카메라를 통해 모든 것을 바라보고 인지하면서도, 창작자로서 자신의 느낌을 자제합니다. 자신이 촬영한 이미지를 하나의 감정적인 해석에 가두지 않는 것입니다. 이미지들은 미학적 거리를 유지하며 모호하게 존재합니다.

두 번째 챕터 '숨'에는 가슴아픈 장면이 하나 있습니다. 세 소녀가 병든 어머니를 버리는 장면입니다. 첫 편집본에서 저는 이 장면의 감정을 '아름다운' 상승 곡선으로 분배하면서 '완벽한' 엔딩으로 마무리했습니다. 명백하게 슬펐고, 균형이 잘 잡혔으며, 너무 과하지도 너무 부족하지도 않은 장면이었습니다.

피리오가 다시 작업한 장면을 돌려받았을 때, 저의 '역작'이 파괴되었음을 깨달았습니다. 피리오는 이 장면을 두 배 이상 길게 만들었고, 잘 배열된 감정적 곡선 대신 같은 행동(아이들이 어머니의 침대 옆을 떠나는 것)이 계속 반복되도록 만들었습니다.

처음의 분노가 가라앉자, 저는 피리오가 원한 것을 이해하게 되었습니다. 그녀는 이 장면이 추하고 보기 힘들기를 바랐던 것입니다. 관객들을 쉽게 봐주어서는 안 됩니다. 쉽게 받아들일 수 있도록 만들어진 감상에 안락하게 빠져 있을 것이 아니라 관객들은 정면으로 부딪쳐야 합니다.

감상과 영성은 둘 다 감정에 기반한다는 공통점이 있습니다. 하지만 감상은 경험의 공간을 축소하고, 영성은 이것을 확장합니다. 피리오는 많은 작품에서 영적인 차원에 공을 들였습니다. 영성적인 주제를 가진 작품들(《애트먼Atman》, 《탄주스카와 일곱 악마Tanjuska and 7 Devils》, 《세이티Ito》, 《미스테리온Mysterion》)뿐만이 아니라 일반적인 작업의 한 방식으로서, 그녀는 단순화한 다음 신비화하고, 승화시킵니다.

피리오는 특정 방식이나 형식을 통해 교조적으로 영성을 추구하지 않습니다. 하지만 종교나 선악과 같이 우리를 인간이게 하는 것들에 많은 관심을 보입니다. 개인적으로 저는 영적이지도 종교적이지도 않지만, 피리오의 영적 언어와 방법론을 점차 이해하게 되었습니다.

이것은 인간으로 사는 것의 의미에 대해, 또 제가 앞으로 영화를 통해 어떻게 더 깊은 경험을 만들어낼 수 있을지에 대해 더욱 깊은 통찰을 안겨주었습니다. 미래의 영화들이 모두 저마다 고유한 표현 방식, 주제, 이야기를 가지고 있을지라도.

"지금껏 만들어진 가장 슬픈 영화"

《뉴욕타임스》의 영화 평론가는 《우울한 방 세 개》를 일컬어 '지금껏 만들어진 가장 슬픈 영화'라고 평했습니다. 이 영화가 슬픔에 찬 작품이기는 하지만, 스크린에 실제로 보이는 전쟁의 참상은 매우 적습니다.

오늘날 뉴스는 전쟁의 공포에 관한 이미지로 채워져 있고, 이 이미지들은 휴대폰과 인터넷을 통해 일상의 한 부분이 되었습니다. 하지만 이것들은 대부분 우리를 슬프게 하지 않습니다. 오히려 우리를 냉담하게 만들고, 전쟁은 우리가 어찌할 수 없는 것이라는 체념을 남길 가능성이 더 큽니다. 전쟁이 먼 곳에서 일어나는 한, 우리 현실의 일부가 되지는 않습니다.

《우울한 방 세 개》는 정확히 반대의 일을 합니다. 보는 이에게 슬픔을 자아내고, 도덕적인 입장을 취하도록 촉구하는 것입니다. 영화는 전쟁의 끔찍한 면들을 보여주는 대신, 관객이 자신만의 공간에서 그런 감정들을 느끼도록 만듭니다.

다시 말해, 우리가 영화에서 보는 것들이 중요한 것이 아니라, 영화를 보며 우리가 머릿속에서 경험하는 것이 중요합니다. 우리는 '행간(行間)'이라는 표현을 자주 쓰는데, '상간(像間)'이라는 말도 존재할 수 있다고 저는 생각합니다. 우리 인간은 스스로 연속성을 만들면서 빈 곳을 채울 수 있습니다. 이것이야말로 영화라는 예술에 가장 중요하고 강력한 도구를 부여합니다.

《우울한 방 세 개》는 제게 관객이 가진 고유한 공간을 믿는 법을 가르쳐주었습니다. 이것은 창작자들이 스토리텔링의 주도권을 포기해야 한다는 말이 아닙니다. 오히려 반대입니다. 피리오는 자신의 표현 방식을 아주 잘 조절하는 감독이자, 호소력 짙은 목소리로 관객에게 그들만의 공간을 열어주고, 그들이 스스로 결론에 도달할 수 있다고 믿는 사람입니다.

액트 오브 킬링

THE ACT OF KILLING

감독.
조슈아 오펜하이머

거짓 서사를 만드는 이들

《액트 오브 킬링The Act of Killing》은 '이야기하기'에 관한 영화입니다. 대량 살인범이든 영화 편집자든 인간은 모두 삶에 질서를 부여하려고 합니다. 우리는 행동에 의미와 논리를 장착하기 위해 이야기를 합니다.

이 영화의 주요 인물인 안와르 콩고는 영화를 만들기 위해 스스로 출연하고 자신의 행위를 재연하면서, 1965년 당시 인도네시아에서 자신을 포함한 수백 명이 최대 백만 명을 처형했다는 사실을 미화하기 위해 노력합니다.

영화는 안와르가 당시의 이야기를 들려주며 질서를 부여하려는 동안 스스로를 망가뜨리는 모습을 보여주는데, 그것은 자신의 이야기가 거짓말임을 안와르가 깨닫기 때문입니다.

《액트 오브 킬링》은 권력을 가진 이들이 어떻게 서사를 만들어내고, 사람들이 서로를 죽이게 하는지를 보여줍니다. 그들은 비인간적인 적군들(공산주의자, 나치, 무슬림, 혹은 불신자들)에 대한 내러티브를 만듦으로써, 사람을 죽이는 것에 대한 우리의 내재적 거부감을 넘어서게 합니다.

이 영화는 또한, 영화란 무엇인지에 대한 관념과, 어떻게 엔터테인먼트 산업이 선과 악, 진실과 거짓을 기만적으로 단순화하는지를 다루고 있습니다.

학살자들을 위한 영화

1965년, 군사 쿠데타가 일어났을 때 인도네시아에서는 거의 백만 명의 사람들이 살해당했습니다. 피해자들은 공산주의자로

몰렸지만, 살해된 것은 공산당원만이 아니었습니다. 노조 회원들, 지식인들, 정치 활동가들, 그리고 많은 수의 중국계가 학살되었습니다.

　　이 학살은 주로 군대에 의해 자행되었지만, 몇몇 지역에서는 불법 무장 단체와 반공산주의 단체, 그리고 범죄자들에 의해 이뤄지기도 했습니다.

　　인도네시아에는 공식적으로 1968년에 민주주의 체제가 들어섰지만, 어떠한 법적 과정이나 화해를 위한 조정도 실행되지 않았습니다. 살인범들은 자신들의 행위를 통해 얻은 권력을 유지했던 반면, 고문당하거나 살해당한 사람들의 가족은 계속해서 공포와 침묵 속에서 살아갔습니다.

　　2003년, 미국인 감독인 조슈아 오펜하이머는 이 비극의 피해자들과 함께 다큐멘터리를 만들기 위한 영상을 촬영하기 시작했습니다. 하지만 촬영은 군대에 의해 끊임없이 중단되었습니다. 결국 조슈아는 이들 대신 자신들이 했던 일을 드러내놓고 자랑하던 '사형 집행인'들을 촬영하기로 했습니다. 이후 촬영은 9년간 이어졌고, 총 1,200시간 분량의 원본 영상이 만들어졌습니다.

　　주인공인 안와르 콩고도 그들 중 하나였습니다. 1965년에 그는 극장에서 영화 티켓을 갈취해 암시장에 판매하던 범죄 조직의 구성원이었습니다. 당시 영화관은 젊은이들 사이에 가장 인기 있는 장소였고, 안와르는 대단한 영화 애호가로 특히 미국 영화를 좋아했습니다. 제임스 딘과 엘비스 프레슬리는 그의 롤 모델이었습니다.

　　조슈아는 안와르 콩고와 그의 폭력배 친구들에게 1965년 일어났던 살상을 재연하는 영화를 만들자고 설득했습니다.

안와르는 영화관에서 영화란 어떤 것인지를 보고 배웠기 때문에, 그들의 촬영은 할리우드를 이것저것 모방해 만드는 살인 행위에 관한 무언가가 되어갔습니다. 《액트 오브 킬링》은 이 장면들을 촬영하기 위한 과정과 논의를 따라가면서 살인범들의 자기 환상과 그것을 유지하게 만든 사회를 묘사합니다.

　　조슈아는 방대하고 복잡한 원본 영상을 다루기 위해 런던에서 샤를로테 뭉크 벵트센(Charlotte Munch Bengtsen), 아리아드나 파쇼-빌라스(Ariadna Fatjo-Vilas), 그리고 마리코 몽프티(Mariko Montpetit)라는 세 명의 편집자와 1년 가량 작업한 후, 저와 함께 일종의 디렉터스 컷을 만드는 작업을 이어가며 영화의 구조를 탐색했습니다.

질문을 던질 수밖에 없도록 만들기

앞서 저는 이야기를 단순화하는 것이 혼돈에 질서를 부여하는 핵심 열쇠라고 말한 적이 있습니다. 제외하고 삭제함으로써 우리는 세상을 더 잘 이해할 수 있고, 무엇이 옳고 그르며 선과 악인지를 이해하게 됩니다. 《액트 오브 킬링》은 거짓말로 가득한 이야기에 관한 영화로, 여기에서는 선과 악이라는 관념들이 그저 살인을 위한 변명으로 사용됩니다.

　　촬영 기간에, 조슈아와 그의 프로듀서인 시그네 뷔르게 쇠렌센(Signe Byrge Sørensen)은 피해자들과 살인자들을 한 영화에 담을 수 없다는 아주 논쟁적인 결정을 내렸습니다. 조슈아와 제가 편집을 시작할 때 이 결정은 다시 한번 면밀히 논의되었습니다. 시그네 역시 전체 편집 과정을 가까이에서 지켜보면서, 이렇게 급진적인 결정을 함에 따라 발생하는 윤리적 딜레마와 내러티브적 딜레마를 함께 상의했습니다.

우리는 곧 일반적인 선과 악의 축으로는 작업할 수 없음을 명백하게 깨달았습니다. 관객들이 기만적인 스토리텔링의 메커니즘을 이해하기를 바란다면, 우리는 피해자들을 숨겨야 했습니다. 영화 속 인물의 자기 자랑과 피해자에 대한 공감의 부재가 피해자들의 이야기와 대비된다면, 모든 '사형 집행인'이 괴물로, 인간이 아닌 자들로만 보일 것이고, 관객들은 이들을 그저 악으로 치부할 것입니다.

그에 반해, 우리의 목표는 그런 악함도 인간의 일부임을, 특정한 조건에서 발현될 수 있는 인간 존재의 일부임을 보여주는 것이었습니다. 물론 이 말이 인간의 모든 것이 용서를 받아야 한다는 의미는 아닙니다. 하지만 악함을 멈추고 싶다면, 그것 또한 인간들이 만들어낸 것임을 이해하고, 어떤 메커니즘을 통해 만들어지는지를 드러내야 합니다.

만약 피해자와 그들을 죽인 사람들을 한 영화에 담는다면, 인도네시아 정부가 '사형 집행인'이 살인을 저지르도록 피해자들을 비인간화하는 내러티브를 제공했던 것과 정확히 같은 방식으로 우리가 그들을 비인간화하게 될 것이었습니다. 선한 사람들을 제외하는 것은 몇몇 방송국의 투자·제작 담당자들에게는 절대 동의를 얻지 못할 논쟁적인 선택이었습니다. 하지만 시그네와 조슈아는 자신의 태도를 고수했습니다.

'사형 집행인'의 관점에서 이야기하는 영화는 많은 토론을 낳게 되었습니다. (제가 볼 때 이것은 영화를 통해 일어날 수 있는 최상의 일입니다.) 평범한 질서에 혼돈을 만들었고, 우리가 어떤 과정을 거쳐 세상을 선과 악으로 나누어 이야기하기로 결정했는지에 대한 질문을 던질 수밖에 없도록 만들었기 때문입니다.

적절한 여백과 휴지

《액트 오브 킬링》은 선함이라고는 보이지 않는 세계에서 진행되는 영화입니다. 우리를 한계까지 밀어붙이고 극도로 강렬한 감정을 자극하는 폭력적인 영화이기도 합니다. 편집에서의 가장 큰 도전은 관객이 너무 빠르게 감각을 잃지 않도록 감정을 억제하는 것이었습니다.

원본 영상 중 최소 스무 장면 정도는 매우 폭력적이며 기괴했고, 그 자체로 대단한 영화적 장면이었습니다. 하지만 비슷하게 강력한 장면이 너무 많았기 때문에 그중 많은 수를 편집에서 덜어내야 했습니다. 폭력이 반복되어 그 효과를 잃거나 관객이 더 이상 받아들이기를 거부하는 상황으로 내몰리지 않도록, 다시 말해, 오버킬(overkill)을 피하기 위해 의식적인 노력을 기울여야 했습니다. 관객이 충격과 역겨움 이외의 감정을 느낄 수 있도록 하는 것이 우리에게는 중요했습니다. 이 때문에 우리는 여러 장면을 감정적으로 모호하게 만들었고, 가끔은 그로테스크한 유머를 강조하고 또 가끔은 부드러운 요소를 찾아냄으로써 대비와 불확실성을 만들어냈습니다.

캐릭터 묘사에서는 그들이 일상적인 일을 하는 장면을 넣었고, 사람들과 관계할 때 친절함이나 유머 같은 평범한 인간의 특성을 보여줌으로써 가능한 한 평범한 사람처럼 보이도록 만들었습니다. 또한 이 영화에 약간의 숨 쉴 공간이 필요하다는 사실을 우리는 빠르게 깨달았습니다. 액션 장면이 아주 많았기 때문에 관객이 목격한 폭력적인 인상을 모두 받아들일 수 있도록 휴지가 필요했던 것입니다.

롱숏은 영화에 숨 쉴 공간을 제공해주는 동시에 지리적

장소에 대한 감각을 전달합니다. 하지만 우리는 롱숏에서도 미스터리나 모호함 같은 긴장을 담아내, 조금 더 조용한 방식으로 감정적인 모멘텀을 유지하고 싶었습니다.

한 가지 예를 들어봅시다. 영화의 주인공인 안와르 콩고가 자신이 피해자들을 어떻게 죽였는지 처음으로 재연한 이후 우리는 도심 속 건물의 루프탑을 담은 롱숏으로 전환합니다. 멀리서 한 남성이 기둥을 오르는 모습이 보입니다. 이 롱숏은 관객에게 바로 이전 장면을 소화할 시간을 주는 동시에 어떤 미스터리를 담고 있습니다. '왜 저기에 기둥을 올라가는 남자가 있지?'

우리는 이러한 종류의 이미지를 '타블로(Tableu)'라고 불렀습니다. 이렇게 이름을 붙임으로써 이런 장면의 기능과 내용을 한층 더 의식할 수 있었습니다. 또 이런 타블로를 사람들의 생각보다 길게 유지함으로써 이 영화의 일반적인 리듬을 파괴합니다. 따라서 이런 숏들은 영화가 감정적으로 과열되었을 때 리듬을 끊는 기능 또한 수행했습니다.

하지만 원본 푸티지에는 이런 종류의 숏이 많지 않았기 때문에 조슈아와 덴마크인 촬영감독인 라르스 스크리는 (제가 여름 휴가를 보내는 동안) 다시 인도네시아로 가서 다양한 감정적 톤을 내포한 타블로들을 촬영해 왔습니다. 이를 통해 우리는 영화의 감정적인 힘을 잃지 않으면서도 영화 속에 여백과 휴지를 넣을 수 있었습니다.

춤추는 남자가 무너지던 순간

악한 세상을 다룰 때의 또 다른 드라마투르기적 문제는 공감하기 어려운 주요 캐릭터 때문에 관객이 영화를 함께하며 자신을 동일시할 캐릭터가 없다는 점입니다.

우리는 약한 면을 보이는 사람 안에서 자신의 결점을 봅니다. 멍청한 일을 벌이는 사람을 통해서 우리 자신의 어리석음을 봅니다. 하지만 수백 명을 죽이고도 후회하지 않고 오히려 자랑하는 사람을 볼 때, 그에게 역겨움과 거리감을 느낍니다. '난 저런 사람이 아니야. 저런 일은 절대 할 수 없어.'

처음 촬영본을 보았을 때 저는 완전히 충격에 빠졌습니다. 이런 건 본 적이 없었습니다. 조슈아가 그저 사람들을 충격에 빠뜨리는 게 아니라 그 이상의 정치적이고 철학적인 동기를 품고 있다는 건 알고 있었지만, 그럼에도 이 영화가 나에게 맞는 작품일지 확신할 수 없었습니다.

조슈아가 방대한 원본 푸티지를 살펴보며 전체적인 감을 잡기 위해 런던에서 두 명의 다른 편집자들과 사전 편집을 하고 있을 때, 저는 그 촬영본들을 더 깊게 들여다보려 잠깐 방문했습니다. 조슈아는 그가 선택한 영상들을 일주일 동안 제게 보여주었는데, 마지막 날에 저는 안와르 콩고가 갑자기 피해자들도 자신과 같은 인간이었음을 깨닫고 우는 장면을 보게 되었습니다.

보통 저는 촬영본을 볼 때 감각과 감성을 모두 열어두는 편이지만, 대개의 남성들이 그렇듯 우는 일은 별로 없습니다. 평소라면 절대 울지 않았을 것입니다. 하지만 안와르가 자신이 한 짓을 깨닫는 모습을 보고, 저는 완전히 무너져 큰 소리로 울어버렸습니다. 갑자기 그가 그저 저와 같은 인간으로 보였고, 저는 모든 인류를 대신해 큰 슬픔에 잠기게 되었습니다. 이 경험은 제가 《액트 오브 킬링》의 편집을 맡을 수 있겠다는 확신을 주었습니다.

영화 초반에 우리는 옥상에 있는 안와르를 봅니다. 그는

40년 전 자신이 어떻게 이 장소에서 전선 조각을 이용해 피해자들을 죽였는지를 보여줍니다. 그다음, 그는 어떻게 음악, 술, 마약을 통해 자신이 한 일을 잊고 살아왔는지를 설명하고, 미소를 짓고 춤을 추기 시작합니다.

안와르는 그의 행동이 영웅처럼 여겨지는 사회에서 살아갑니다. 그는 공산주의자들을 죽였고 그의 조국을 해방시킨 것입니다. 권력자들은 안와르를 퍼레이드나 공식 행사에서 하나의 상징으로 활용합니다. 이 서사를 지속시키는 상징으로.

비록 안와르가 자신이 한 일을 자랑스러워하기는 하지만, 끔찍한 악몽에 시달리는 날이면 의심이 그를 갉아먹습니다. 조슈아와 안와르는 그 악몽에 대한 장면을 촬영하는데, 한 장면에서 그는 고문의 피해자 역할을 맡아 자기 자신을 처형하기도 합니다.

자신이 옳은 일을 했다고 생각하면서 더 많은 이야기를 하고 더 많은 장면을 재연할수록, 그의 등 뒤로는 더욱 깊은 심연이 벌어지고 있습니다. 영화의 마지막에 안와르는 옥상에서 췄던 춤을 다시 추는데, 이번에는 재연을 하는 것이 어렵게 느껴집니다. 어떻게 사람들을 죽였는지 설명하려 하던 그는 구역질 때문에 정신이 흐트러집니다.

영화를 찍으며 재구성된 자기 연출 장면들이 안와르의 내면에서 어떤 과정을 촉발했고, 결국 끝에 가서 그는 그저 나약한 노인이 되어 있습니다. 그는 자신의 잔인한 행동에 의미를 부여했던 그 서사를 잃어버린 것입니다.

우리는 편집을 하며 이런 변화의 과정을 부각하고, 안와르가 인간적으로 보이도록 노력을 기울였습니다. 학살과 관련 없는 그의 여러 성격을 보여주는 데 영화의 많은 시간을 할애했습니다. 그의 허영심, 고급 의류와 향수에 대한 취향, 할리우드 영화에 대한 애정, 그리고 손자를 사랑하는 마음 등을 보여주었습니다.

또한 그가 어떤 행동도 하지 않는 휴식 구간을 넣었는데, 이런 장면에서 그는 어떤 말이나 행동도 하지 않습니다. 이것은 관객에게 '그의 내면으로 들어갈' 가능성을 열어주었습니다.

우리는 그가 출연한 장면 모두를 온전히 그의 눈으로 바라본, 그의 장면으로 만들었습니다. 어떤 중요한 액션이 동시에 일어나고 있다 해도, 카메라는 무엇보다도 그를 바라보고 있었습니다. 어떤 액션이냐가 중요한 것이 아니라, 그에 대한 안와르의 경험이 중요했던 것입니다.

우리는 안와르를 캐릭터로 만드는 데 많은 노력을 기울였고, 편집을 통해 그를 비난하고 판단하기보다는 완전한 하나의 인간으로 보여주려 했습니다. 그의 행동은 그 자체로 말을 걸어와야만 했습니다.

거짓 위에 세워진 사회

안와르의 극단적 성격에도 불구하고 그의 서사는 전통적인 인물 중심의 이야기 전개를 따른다고 말할 수도 있을 것입니다. 인물 중심 이야기의 문제 중 하나는 사람들을 개별로 여기면서 그들의 행동과 통찰이 개인적인 심리나 윤리에 기반한다고 생각하게 만든다는 점입니다. 이것은 물론 우리가 스스로의 인생을 통제할 수 있다고 믿는 현대적인 개념의 자아에 들어맞습니다.

인물 중심의 이야기는 또한 90분 이하의 시간 동안 이야기를 하는 것이 가능할 정도의 단순함을 특징으로 갖습니다.

《액트 오브 킬링》을 통해 안와르 콩고라는 인물을 사회나 위계질서라는 더 큰 맥락 속에서 바라보고, 그가 서열의 바닥에 있었으며 더러운 일을 직접 해야 하는 사람이었음을 보여주는 것이 우리에게는 핵심적인 부분이었습니다.

인도네시아 집단 학살은 오늘날 공포와 부패, 그리고 거짓 위에 세워진 사회를 만들었습니다. 권력자들은 단지 1965년의 범죄를 정당화하기 위해서가 아니라 공포심을 조장하기 위해서 '악한 공산주의자들'이라는 내러티브를 견지했습니다. 그리고 이를 통해 모든 반대 세력을 억누르고 학살에 기반해 세워진 권력 구조를 유지하고자 했습니다.

영화에서 한 사회 자체를 드라마투르기적으로 그려내는 것은 쉬운 일이 아닙니다(그런 영화를 거의 보지 못한 것은 이러한 어려움 때문일 것입니다). 그러나 만약 《액트 오브 킬링》이 안와르의 이야기만을 하는 데 그쳤다면, 이러한 배제가 도덕적 갈등을 낳았을 것입니다. 또한 그것은 거짓말이 되었을 것입니다. 안와르의 행동은 인도네시아 정부와 군대(그리고 미국)가 이야기꾼으로 등장하는 더 큰 정치적 내러티브에 의해 통제되고 수행되었기 때문입니다.

조슈아는 촬영을 하는 동안, 사람들에게 자신이 영국의 대학에서 일하고 있으며 역사적 사건을 기록하고 싶다고 말하고 다녔습니다. 안와르와 다른 폭력배들은 조슈아가 미국인이니 당연히 공산주의에 반대한다고 생각해, 그가 공식적인 버전의 이야기를 전하려고 한다고 생각했습니다. 이것이 안와르와 그의 심복들뿐 아니라 엘리트 정치인, 주지사, 의원과 장관까지도 영화에 참여하겠다고 한 이유입니다.

조슈아의 목표는 그들이 모두 1965년 집단 학살에 책임이 있음을 확실히 하는 것만이 아니라, 거짓 위에 세운 사회에서는 아무리 민주주의를 말하고 선거를 치르더라도 결코 자유로울 수 없음을 보여주는 것이었습니다.

어렸을 때 저는 영화가 세상을 바꿀 수 있다고 믿었습니다. 하지만 나이가 들면서 조금 더 겸손해졌고, 지금은 그저 편집자로서 제가 관객에게 조금 더 통찰을 제공할 수 있기를, 이를 통해 그들이 세상을 조금 더 섬세한 방식으로 이해할 수 있기를 바랄 뿐입니다. 하지만 《액트 오브 킬링》은 실제로 인도네시아를 바꾸어놓았습니다. 이 영화는 국가의 과거에 관한 아주 까다로운 논의들을 촉발했고, 권력자들도 여기에 관여할 수밖에 없게 되었습니다.

한스 크리스티안 안데르센이 쓴 『황제의 새 옷』이라는 동화가 있습니다. 황제는 최고급 옷을 입고 도시를 거닐고 있다고 생각했지만, 사실은 알몸으로 돌아다니고 있었습니다. 왕국의 모든 사람이 그의 옷을 칭찬했지만 마침내 한 소년이 소리쳤습니다. '그렇지만 옷을 입고 있지 않잖아요!'

이 동화의 소년처럼 《액트 오브 킬링》은 곪아가는 거짓말에 구멍을 뚫고 인도네시아 전역에서 논쟁을 이끌어냈고, 권력자들이 자신들의 오래된 내러티브를 유지하기 어렵게 만들었습니다.

영리한 자의 변명

줄카드리는 안와르와 함께 1965년 수백 명의 사람을 죽였습니다. 그는 자신과 안와르가 살인을 자행했던 메단에서 떠났지만, 조슈아가 그를 찾아내어 촬영을 위해 데려왔습니다.

줄카드리가 촬영을 위해 돌아왔을 때, 그 역시 재연에 참여하긴 했지만 다른 참가자들과는 달리 그는 학살의 근간에 의문을 드러냈습니다. 바로 공산주의자가 잔인하다는 의혹 말입니다. "그건 단지 나쁜 변명이었어요. 피해자의 가족들에게 누군가는 사과를 해야 해요."

관객은 처음에 줄카드리에게서 희망을 봅니다. 그 이전까지(영화가 시작하고 약 40분 동안) 그들이 본 것은 안와르와 친구들의 어리석은 독선뿐이었기 때문입니다. 하지만 안와르가 자신의 악몽을 이야기하기 시작하자, 줄카드리는 자신은 악몽을 꾸지 않으며 일어났던 일에 대한 어떤 후회도 느끼지 않는다고 말합니다. 그는 집단 학살이 역사적으로 필연이었다고 생각합니다. 일어난 일은 이미 일어난 일이고, 피해자에게 사과를 하고 나서는 잊어버려야 한다고 말합니다.

결국 줄카드리는 극히 냉소적인 사람이며, 개인적인 도덕적 책임감으로부터 벗어나기 위해 자신의 지적 능력을 이용하는 사람임이 드러납니다. 줄카드리의 냉소는 안와르의 캐릭터에 깊이를 부여합니다. 안와르는 춤을 좋아하고 거리에서 자란 사람으로 지적 수준이 대단히 높지는 않지만, 그의 몸은 무의식적으로 자신이 한 일에 반응합니다.

안와르는 악몽을 꾸고, 마지막 장면에서 자신의 이야기가 거짓말이었음을 깨닫고는 그런 감정으로 인해 구역질을 합니다. 반면 줄카드리는 1965년에 어떤 일이 일어났는지를 이해할 지적 능력이 있지만, 오히려 그것을 변명거리로 사용해 자신의 책임에서 벗어나려 합니다.

금이 간 공연

《액트 오브 킬링》의 방법론은 자기 연출과 과시 위에 세워졌습니다. 우리는 점점 과시적인 문화 속에서 살아갑니다. 그런 문화에서 인간은 자신에 대한 시각적이고 서사적인 인식을 가지게 됩니다. 마치 영화에서처럼, 바깥에서 자신을 바라보는 것입니다. 우리의 정체성은 타인의 시선을 통해 구축되고, 우리 행위에 대한 논리를 만듦으로써 형성됩니다. 그리고 이것은 다시 이야기를 만들어냅니다.

이런 보여주고자 하는 충동을 조슈아는 의식적으로 자기 방법론의 일부로 만듭니다. 그는 '벽 위의 파리'로 남으려 노력하면서, 간섭하지 않고 현실을 관찰합니다.

그는 살인범들이 가진 자신들의 이미지에 '맞춰주면서' 그들이 이야기를 하도록, 또 자신이 한 일을 행동으로 옮겨 묘사하도록 장려합니다. 이후 그는 참가자들에게 자신이 촬영한 영상을 보여주며 그들의 반응을 다시 촬영합니다.

이 방법론은 그들이 자신의 행동을 어떻게 해석하는지를 보여줄 뿐 아니라, 영화란 무엇인가에 대한 그들의 인식을 보여줍니다. 그 인식은 대개 할리우드 영화와 인도네시아 대중문화에서 영향을 받아 감상적인 감수성과 억압된 섹슈얼리티, 그리고 신비주의로 가득 차 있습니다.

누군가 자신을 과대포장하는 방법을 쓴다면, 그 인물의 자기 이미지를 재생산하는 데 그치지 않는 것이 중요합니다. 이 인물의 자기 이미지와 감독의 내러티브 사이에는 명백한 차이가 있어야 합니다. 이 둘의 거리를 통해 관객은 자기 과시를 이해하게 되고, 가장(the performance)과 진정성(the authentic)의 마찰을 발견하게 됩니다.

《액트 오브 킬링》에서 가장은 아주 명백하게 드러납니다. 일부는 살인범들이 영화를 위해 직접 장면들을 만들어내기 때문이지만, 무엇보다도 그들이 보통 사람이라면 부끄럽게 느낄 일, 사람을 죽인 사실을 공공연히 자랑하는 모습을 보이기 때문입니다. 이 기괴한 자랑은 사회적인 맥락 안에서 도덕적으로, 사회적으로 반추되며 이를 통해 관객은 이 보여주기의 이유를 이해하게 됩니다.

그러나 자기 과시와 자기 연출을 방법론으로 사용하기는 하지만, 우리가 보여주고 싶었던 것은 그저 과시하는 모습만은 아닙니다. 안와르가 그의 악몽을 재연하려고 할 때, 조슈아는 안와르가 자신이 하는 이야기의 진실성에 품고 있는 의심을 천천히 끄집어냅니다.

이것은 안와르가 스스로 피해자의 역할을 맡아 고문을 받은 후 전선으로 죽임을 당하는 순간까지 점점 누적됩니다. 안와르는 장면을 끝마칠 수 없습니다. 연기를 제어할 수 없어 촬영을 중단합니다. 바로 이 순간, 그에게는 진정성이 깃들게 됩니다. 이런 진정성의 순간을 통해 진실한 감정이 표면 위로 드러납니다. 이렇게 '금이 간 공연' 속에서 관객은 안와르를 인간으로 바라보게 되고, 거짓과 진실의 차이가 명료해집니다.

너무 깊게 몰입하지 마세요

헤르만은 영화에 등장하는 주요한 보조 캐릭터입니다. 헤르만은 1965년 학살에 참여하기에는 너무 어렸지만, 안와르가 속해 있던 무장 단체, 즉, 학살에서 큰 역할을 했던 '판차실라 청년회

(Pemuda Pancasila, 이하 PP)'라는 조직의 일원이었습니다. 오늘날 이 조직은 권력자들의 도구로 기능하면서 비판자를 감시하고 폭력으로 위협하는 일을 합니다. 동시에 PP는 범죄 조직으로, 마약 거래부터 인신매매까지 온갖 종류의 범죄 활동에 가담합니다.

당시 헤르만은 PP 내 서열이 낮았고, 시장에서 중국인이 운영하는 작은 가게에서 돈을 갈취하는 등 폭력배 노릇을 했습니다. 헤르만은 사람을 죽이지 않으면서 안와르가 40년 전에 했던 종류의 더러운 일을 똑같이 해왔습니다. 하지만 헤르만은 집단 학살에 의문을 제기한 적이 없는 사회, 안와르와 다른 암살단원들이 영웅으로 간주되는 사회에서 자랐습니다.

줄카드리가 영화의 몇몇 장면을 비판하며 안와르가 말한 모든 것을 거짓말처럼 보여줄 것이라고 말했을 때, 헤르만은 그에게 대항해 이렇게 말한 유일한 사람이었습니다. "우리는 진실을 말해야 해요. 이건 역사적인 기록이니까요."

헤르만이 우리의 영화 프로젝트를 방어한 것은 정치적, 역사적 이해관계 때문이 아니었습니다. 무엇보다도 헤르만이 연극을 좋아했기 때문이었습니다. 권위라고는 없는 살찐 '언더독'이었던 그는 영화 촬영에서 진정한 천직을 발견했습니다. 그는 배우였습니다. 그룹 내에서 헤르만의 지위는 커져갔고, 그는 연기를 하며 개인적으로 큰 기쁨을 느꼈습니다.

안와르와 헤르만은 친구였지만, 그들에게는 명확히 정리된 역할이 있었습니다. 안와르는 더 나이가 많고 경험이 많은 사람이었고, 자신의 제자인 헤르만에게 계속해서 부족한 점을 일깨워주었습니다. 우리는 두 사람의 관계를 영화에서 기묘한 재미를 제공하는 정통의 '콤비'(할리우드 초기의 대표적인 2인조 희극 배우 로렐과 하디를 떠올려 보세요)라는 보조 서사로 쌓아갔습니다.

안와르는 늘 자신이 최고라고 생각하는 사람으로, 높은 자리로 올라가기 위해 호시탐탐 기회를 노리는 인물입니다. 헤르만은 안와르의 타박을 충직하게 받아주는 사람으로, 관객의 동정을 받는 인물입니다. 안와르는 날렵하고 세련된 반면, 헤르만은 뚱뚱하고 표현이 과합니다. 헤르만은 안와르의 무시를 견뎌내는 한편으로 지역 정치인으로 출마해 자신의 지위를 높이려 하지만 실패합니다. 이것은 두 사람 사이의 균형이 맞지 않음을 확실히 보여줍니다.

영화가 끝을 향해갈 무렵, 헤르만은 안와르가 주었던 상처에 대한 복수를 시도합니다. 안와르가 참수되기 전 종이 반죽 더미 안에 갇혀 있는 장면에서, 헤르만은 안와르의 머리에 피가 뚝뚝 떨어지는 고깃덩어리를 문지릅니다. 영화적 상황을 이용해 복수를 실행한 것입니다. 이 모든 것에도 불구하고, 안와르가 피해자를 연기하다 몸이 안 좋아졌을 때, 둘은 정통 콤비처럼 한 팀이 됩니다. 헤르만은 다정하게 말합니다. "이 장면에 너무 깊게 몰입하지 마세요."

헤르만에게 영화 촬영은 놀이이자 배우로서의 천직을 발견한 무대이지만, 안와르에게 이 놀이는 매우 진지하고 심각했습니다.

본능을 믿고 작업하기

《액트 오브 킬링》의 디렉터스 컷은 두 시간 40분에 이르는 아주 긴 작품입니다. 하지만 기만적인 스토리텔링의 메커니즘을 다루면서, 심리적이고(안와르 내면의 변화), 사회적인 맥락에서 이것을 바라보기 위해서는 이 정도의 시간이 필요했습니다.

　　클라이맥스를 향하며 점차 쌓이는 정서적인 곡선 대신 《액트 오브 킬링》은 네 개의 정서적인 파도로 구성됩니다. 각각의 파도는 물론 다른 파도에 영향을 받아 형성되지만, 논리적인 플롯 전개의 측면에서는 아닙니다.

1번 파도	안와르, 그의 과거사, 영화 프로젝트, 이를 둘러싼 사회를 보여줌
2번 파도	줄카드리가 촬영에 참여해 프로젝트와 과거의 일에 질문을 던지기 시작함, 진실과 죄책감에 관한 토론
3번 파도	헤르만이 공직에 출마함, 거짓과 비밀 위에 세워진 부패한 사회의 초상
4번 파도	안와르가 무너짐, 모든 이야기의 가닥이 비현실적이고 종말론적인 악몽으로 모여듦.

《액트 오브 킬링》의 세계는 어둡고 기괴합니다. 평범한 선과 악의 축은 무너집니다. 우리는 살인자의 과대포장, 허영심, 과시욕을 마주합니다. 선함은 어디에도 없고, 피해자의 모습은 들리지도, 보이지도 않습니다.

　　할리우드에서 영감을 받은 안와르의 영화에 대한 판타지는 이야기를 드라마로 재구성하는 동안 점점 더 그의 악몽에 잠식당하는데, 이것이 영화에 동력을 제공합니다. 영화가 앞으로 나아가면서 영화적 언어는 논리적인 것에서 초현실적인 것으로 바뀌어갑니다.

　　초반에 명확하게 구분되던 안와르의 영화와 우리의 영

화는 종말론적인 악몽 속에서 함께 녹아내리기 시작합니다. 이
것은 꿈이 현실의 경험에 기반해 만들어지지만, 점점 시공간을
넘나드는 여러 감정의 배열로 변화하고, 그 와중에도 꿈속에서
는 논리가 유지되는 방식과 닮아 있습니다. 조슈아와 저는 협업
을 하면서 더 이상 언어로 대화를 나누지 않았지만, 옳다고 '느끼
는' 우리의 본능을 완전히 믿어야 했습니다.

우리는《액트 오브 킬링》을 작업할 때 발전시킨 이 초현
실적인 언어를 다음 작품인《침묵의 시선》에서도 이어갔습니
다. 이번에는 같은 이야기를 피해자의 시점에서 전합니다.《액
트 오브 킬링》은 스토리텔링에 관한 영화이며, 혼돈에 질서를
부여하기 위해 이야기를 만들어내고 전달할 때 도사리는 위험
에 관한 영화입니다.

이 영화를 통해 저는 영화 편집자로서 제 작업에서 가장
근본이 되는 면이 무엇인지 다시 생각해보았습니다. 바로 '우리
는 어떻게 이야기를 하는가' 말입니다.

이제는 편집실에서 일반적인 요소들(감독의 비전, 영상 자
료의 퀄리티, 관객과의 소통)과 관계 맺는 것만으로는 충분하지 않
았습니다. 저는 더 큰 역사적, 정치적, 도덕적 맥락에서 저의 작
업을 바라볼 필요성을 느꼈습니다.

침묵의 시선

THE LOOK OF SILENCE

감독.
조슈아 오펜하이머

신뢰 위에서 함께 일하기

우리는《액트 오브 킬링》에 피해자의 시각을 넣지 않기로 결정했습니다. 악인들의 자의식과 기만적 스토리텔링의 메커니즘에 관해 우리가 말하고자 하는 바를 흩트릴 수도 있다고 느꼈기 때문입니다. 대신, 우리는 두 편의 영화를 만들기로 했습니다. 《침묵의 시선 The Look of Silence》은 피해자들의 이야기입니다.

두 영화는 순서에 관계없이 관람해도 됩니다. 둘은 연관되어 있으면서도 다른 영화입니다. 우리는《침묵의 시선》을 동반 작품이라고 부르는데, 두 개의 연관된 작품이 합쳐져 정치적, 철학적, 미학적 총체가 된다고 보기 때문입니다. 관람을 할 때는 순서가 없어도 되지만, 편집 단계에서는 명백히 순서가 있었습니다. 《침묵의 시선》은《액트 오브 킬링》을 작업하며 얻은 경험 위에서 진행되었습니다.

일 년 내내 함께 일하다보니, 조슈아와 저는 깊은 상호 신뢰를 형성했습니다. 우리는 다큐멘터리의 세계에서 급진적으로 차별화된 혁신적인 작품을 함께 만드는 일을 성공적으로 해냈습니다. 비록《액트 오브 킬링》은 논쟁적인 작품이었지만, 이 영화의 성공은 의심할 여지가 없었습니다. 전 세계적으로 50개가 넘는 상을 수상했고, 38개 국가에 배급되었습니다.

따라서《침묵의 시선》이라는 다음 작품의 편집을 시작할 때, 긴장이 되는 것은 당연했습니다. 하지만 신기하게도, 이 영화의 편집은 제 전체 경력에서 가장 재미있고 편안했습니다.《액트 오브 킬링》의 성공과 더불어 우리는 피해자들에게 그들만의 영화를 만들어주어야 한다는 강렬한 감정을 공유했고, 이로써 자신감과 겸손함의 적절한 배합을 지닐 수 있었습니다.

편집실에서 함께했던 1년 동안, 우리는 자료를 다루는 방식과 연관된 하나의 언어를 만들었을 뿐 아니라, 생각을 이해시키기 위해 꼭 말로 표현해야 한다는 고정관념에서 해방되었습니다.

《침묵의 시선》에 들어갈 영상 자료는 《액트 오브 킬링》의 그것보다 훨씬 단순했습니다. 그저 분량이 적은 것이 아니라 (《액트 오브 킬링》은 1,000시간 분량이었고 《침묵의 시선》은 50시간이었습니다) 드라마투르기적으로도 그랬습니다.

함께 자료를 검토한 이후, 우리는 영화의 내러티브를 구축하는 작업으로 바로 돌입하는 대신 조금 재미있는 시도를 했습니다. 3주간 푸티지와 사운드를 가지고 '놀면서' 영화의 톤을 탐색했습니다. 이것들이 나중에 영화의 내러티브 구조에서 어떻게 사용될지는 전혀 생각하지 않으면서 말입니다.

'머리'가 아닌 '직감'으로

몇 주간의 놀이 끝에 하나의 영화 언어가 떠올랐고, 그 언어는 침묵과 신비화를 둘러싸고 구체화되었습니다. 조슈아는 나중에 여기에 **마술적 리얼리즘**이라는 이름을 붙였는데, 이 개념은 이전에 편집실에서는 한 번도 사용하지 않았던 것이었습니다.

종종 어떤 창의적인 작업은 끝나고 나서야 우리가 실제로 어떤 작업을 했는지를 머리로 이해하고 개념화할 수 있습니다. 조슈아가 수많은 인터뷰에서 그랬고, 제가 이 책을 쓰면서 그러고 있듯이 말입니다.

《액트 오브 킬링》은 말과 행동이 모두 관객에게 내던져지고, 사람들의 소화력을 시험하는 잔혹함을 지닌, 표현이 과하고 시끄러운 영화입니다. 《침묵의 시선》에서 우리는 이와는 반대의 전략을 취했습니다. 우리는 숨을 참고, 고요한 상태에서 말로 표현되지 않은 모든 것이 긴장을 쌓아올리도록 했습니다.

　　3주 동안 놀면서 영화의 도입부가 떠올랐고, 전체 편집 과정 내내 단 한 프레임도 바꾸지 않았습니다. 제가 보통 작업하는 방식과는 완전히 달랐습니다. 평소 저는 전체 영화의 러프 컷을 만든 후 영화의 도입부를 편집합니다. 그 전까지는 아직 영화의 언어와 톤을 모르기 때문입니다.

　　또한 저는 영화를 순서대로 편집하는 일이 거의 없고, 보통은 제가 다룰 수 있는 장면부터 시작해 그곳에서 작업을 이어갑니다. 하지만 《침묵의 시선》에서 우리는 장면들이 실제로 보일 순서를 생각하면서 자료를 편집해나갔습니다. 이 일이 가능했던 이유는 영상 자료들이 내러티브적으로 단순했기 때문입니다. 우리는 '머리'가 아닌 '직감'을 통해 편집할 수 있었습니다.

　　물론 첫 러프 컷을 다듬는 과정, 그리고 그 이후 수많은 버전에서 이 구조는 바뀌어갔습니다. 하지만 기본적인 표현과 언어는 첫 번째 러프 컷에서 이미 제자리를 찾은 상태였습니다. 간결함이라는 요소는 특별한 진동을 만들어냈고, 숨을 참는 듯한 고요함 속에서 관객이 해석할 수 있도록 여지를 주었습니다. 그리고 《액트 오브 킬링》의 에너지 넘치는 표현과 비슷한 강력함으로 영화가 관객의 가슴에 가 닿을 수 있도록 해주었습니다.

조용하고 부드러운 영웅

아디는 《침묵의 시선》의 주인공입니다. 아디의 형은 1965년 인도네시아에서 살해당한 수백만 명 중 하나입니다. 아디는 형이 죽은 후 태어났고, 그의 노모는 아디가 태어난 후에야 다시 살아 갈 수 있었다고 말합니다. 그의 늙은 아버지는 점점 더 기억을 잃어가며 노쇠해졌습니다. 집단 학살 이후, 피해자들은 공포와 침묵 속에서 살아왔습니다.

영화의 도입부에서 아디는 살인범들이 어떻게 아디의 형을 죽였는지 자랑하는 영상(《액트 오브 킬링》을 만들기 위한 조슈아의 리서치 영상이었는데, 이들은 최종 영화에 포함되지 않았습니다.)을 봅니다. 아디는 침묵을 깨고 살인범들을 찾아 나서기로 결심합니다. 그는 살인범들이 저지른 일을 인정하기를 바라지만, 그들은 아디의 정체를 알게 되자 자신들의 행동에 대한 책임을 회피합니다. 그들은 거짓말을 하고, 위협을 하면서도 아디가 복수를 할까봐 두려워합니다.

하지만 아디의 목표는 복수가 아닙니다. 그는 형을 죽인 자들이 과거를 인정하고 진실을 밝히기를 바랄 뿐입니다. 그의 계획은 성공하지 못합니다. 형을 고문했던 이들 중 누구도 개인적인 죄책감을 인정하지 않았습니다. 그들은 말을 돌리고, 자신이 아무것도 몰랐으며 그저 지시를 따랐을 뿐이라고 하거나, 다른 사람들이 한 일이라고 말했습니다.

살해 행위는 피해자와 살인자 모두에게 여러 세대에 걸쳐 극복해야 할 정도로 큰 수치심과 분노를 안겨주었고 거짓말을 남겼습니다.

《침묵의 시선》에 사용된 드라마투르기는 꽤나 전형적인 '사명을 가진 남자' 이야기입니다. 아디에게는 '진실'을 밝혀야 한다는 사명이 있습니다. 다른 모든 이들은 이것을 반대합니다. '사형 집행인'뿐만 아니라 피해자도, 그의 노모와 아내, 그리고 죽기 바로 직전에 탈출했던 생존자조차도.

과거를 그냥 묻어둬라. 너무 위험한 일이다. 1965년 이후
로 인도네시아를 지배해온 공포와 침묵을 드러내며 그들은 입
을 모아 말합니다.

이런 이야기의 구조가 그러하듯, 아디의 캐릭터는 점점
더 커지는 저항을 대면합니다. 영화의 도입부에서 그의 동기는
명확하게 설정됩니다. 학교에서 아디의 아들은 공산주의자의
잔인함에 대한 프로파간다를 주입받고, 한편으로 무슨 일이 있
었는지 기억하는 마지막 남은 사람 중 하나인 그의 부모는 늙어
가며 죽음을 기다리고 있습니다. 진실은 사라질 것이며, 거짓말
은 계속될 것입니다.

편집 과정에서 우리는 아디가 그의 형을 죽인 살인범들
의 영상을 보는 장면을 통해 그의 부드러운 존재감을 강조하려
고 했습니다. 우리는 아디의 얼굴만을 보며, 그가 보인 반응은
들을 수 없습니다.

그 영상을 보는 동안 아디는 의견을 덧붙이기도 하고 그
가 경험하는 것을 이해하려고 하지만, 우리는 그가 침묵하는 부
분만을 영화에 사용했습니다. 아디의 얼굴은 그의 말보다 강력
합니다. 그의 침묵은 관객에게, 그가 보고 있는 것에 대해, 또 살
인자들이 흡족해하는 모습을 보며 그가 느낄 감정에 대해 해석
할 여지를 줍니다. 침묵은 말보다 강력합니다. 무언가를 바라보
는 얼굴은 관객이 경험할 수 있게 하고, 동일시를 형성할 기회를
줍니다.

《액트 오브 킬링》에는 우리가 이처럼 동일시할 수 있는
지점이 없습니다. 안와르 콩고나 다른 살인범들에게 공감하기
란 어렵기 때문입니다. 하지만 《침묵의 시선》에서는 아디라는
강인하고 섬세한 주인공이 선함을 상징하고, 그가 관객에게 영

화 속으로 들어갈 길을 열어줍니다. 그저 침묵하며 경청하는 얼굴로서만이 아니라, 아이와 놀아주거나 노모와 재미있는 대화를 나누는 모습들을 통해서도 말입니다.

비록 아디는 형을 죽인 사람들이 죄를 인정하게 하는 것에는 실패했지만, 침묵을 깨고 행동한다는 점에서 그는 전통적인 영웅입니다.

권투 경기처럼 서로 맞서는 편집

형의 죽음에 책임이 있는 사람들과 대면하는 동안 아디의 캐릭터가 점점 드러납니다. 아디는 안경사입니다. 그는 렌즈 세트를 갖고 돌아다니며 사람들의 집을 방문해 눈을 검사해줍니다. 영화의 시작에서 그는 1965년에 살아 있었던 어느 나이든 여성의 눈을 검사합니다. 그녀의 눈을 보며 그는 당시에 어떤 일이 있었는지 질문을 던집니다. 그녀는 과거의 참상에 어떤 방식이나 형태로도 관여하지 않았음에도, 왠지 회피하는 대답을 하며 되려 아디가 질문을 너무 많이 한다고 말합니다.

이 장면은 아디가 하는 일과 동기를 모두 설정합니다. 이 장면에는 뒤이어 나올 집단 학살 관계자들과의 갈등처럼 직접적인 갈등은 없지만, 과거에 대해 이야기하는 것이 터부시되는 상황을 보여줍니다.

다음에 이어지는 여섯 개의 대립 장면은 아디의 형 람리의 죽음에 연관된 다양한 사람들을 담고 있습니다.

— **이농**: 서열이 낮아 더러운 일을 처리해야 했던 수천 명의 살인자 중 하나. 이농은 람리가 어떻게 죽

었는지를 아는 두 사람 중 한 명이다.

— **아미르 시아한**: 지역의 불법 무장 단체 두목으로, 람리를 살해한 그룹의 우두머리였다.

— **M. Y. 바스룬**: 당시부터 현재까지 권력을 누리고 있는 정치인으로, 집단 학살 계획에 깊이 관여한 인물이다.

— **아디의 삼촌**: 람리가 죽임을 당하기 전 갇혀 있던 지역 교도소의 교도관이다.

— **'사형 집행인'과 그의 딸**: 아버지가 람리의 죽음에 직접 연루되진 않았지만, 딸은 당시의 살인이 얼마나 참혹했는지 전혀 몰랐다가 아버지의 자랑 섞인 이야기를 듣고 놀라게 된다.

— **람리를 죽인 처형단의 두목이었던, 아미르 하산의 과부와 두 아들**: 어떤 일이 있었는지 명백히 알고 있음에도 이들은 고집스럽게 모든 것을 부인한다.

드라마투르기적인 면에서 보면, 이 대립 장면들을 촬영하는 동안, 모든 장면은 서로를 닮아 있었습니다. 책임이 있는 자들이 도덕적 죄책감을 인정할지도 모른다는 아디의 희망은 계속해서 좌절됩니다. '나는 명령대로 했을 뿐이야' 혹은 '우리는 위협을 받았어'라는 반응이 반복되었습니다. 각각의 장면은 그 자체로는 감정적으로 강렬했지만, 영화 속에서 함께 제시되자 반복적으로 느껴졌습니다.

따라서 편집 과정에서 우리는 각 장면이 다른 주제를 대변하도록, 권력 구조와 위계 서열에 집중하면서, 혹은 살인범들이 행동에 대한 보상으로서 얻은 특권이나 부에 집중하면서 가능하면 내용을 다양하게 만들고자 했습니다.

대립 장면의 내용을 다양하게 만드는 것에 더해서, 각 장면에 서로 다른 감정적 곡선을 부여하는 것 역시 중요했습니다. 대부분의 갈등 장면은 두 대의 카메라로 촬영했기 때문에 편집을 통해 휴지나 리듬을 만들어내고 조절할 수 있었습니다. 앞에서 설명했듯이, 대화나 말에 쏟던 관심을 정서적 구조를 강화하는 일에 돌리기 위해 저는 '또 다른 이야기'라는 방법을 종종 사용했습니다.

근본적으로 대립은 두 입장의 싸움입니다. 누가 이기고, 누가 질 것인가? 그런 이유로 우리는 '권투 시합'을 편집의 은유로 사용했습니다. 누가 펀치를 날리는가? 누가 맞았는가? 누가 공격자인가? 누가 방어적인가? 시합은 어떻게 전개되고 있으며 누가 마지막에 승리할 것인가?

이 방법을 사용해 우리는 각각의 대립 장면을 조절하고, 다양성을 부여하며, 영화의 전체적 감정 곡선을 강화할 수 있었습니다.

경험과 직관

드라마투르기나 인물 형성에 있어서 《침묵의 시선》은 전통적인 구성을 보이지만, 편집 과정을 주도한 것은 드라마투르기가 아니었습니다. 사실 저는 이 글을 쓰기 위해 영화를 분석하고 나서 이 영화가 얼마나 전통적인 드라마투르기의 법칙을 따랐는지를 알고 약간 놀랐습니다.

저는 《침묵의 시선》을 만들 때 우리가 촬영본을 가지고 '놀면서' 편집을 시작했으며, 이 놀이로부터 영화의 도입부와 언어가 탄생했다고 말했습니다. 그러고는 우리의 직감을 활용해 영화를 시간순으로 편집해나갔습니다.

　　편집 과정은 직관적이었습니다. 하지만 직관의 전제 조건은 경험입니다. 때때로 저는 '그냥 직관적으로 편집해봅시다'라고 말하는 감독들과 일을 하는데, 보통 이런 감독들은 젊고 경험이 많지 않으며, 영화를 통해 무엇을 하고 싶은지 아무런 생각이 없습니다. 그것을 저는 오래 지나지 않아 깨달았습니다. 그들이 말하는 직관적인 편집은 이런 불확실성에 대한 눈속임이었습니다.

　　제 아내인 사나 살멘칼리오는 작곡가이자 바이올린 연주자입니다. 아내는 가끔 공연에서 즉흥 연주를 하는데, 그 전에 무섭도록 연습을 합니다. 바이올린과 한몸이 되어야 자의식을 잊고 진정으로 즉흥 연주를 할 수 있기 때문입니다.

　　솔직하고 단순한 《액트 오브 킬링》과 《침묵의 시선》의 자료를 다루며 오랜 시간 협업한 후에야, 조슈아와 저는 우리의 주 편집 도구로 직관을 이용할 수 있었습니다.

뭔가가 일어날 거라는 긴장감

관객들이 《침묵의 시선》을 보기 전에 어떤 끔찍함을 기대하리란 걸 우리는 알았습니다. 그들은 이미 《액트 오브 킬링》을 봤거나 그 영화에 대해 들어보았기 때문입니다. 그 때문에 우리는 그런 기대에 반하는 작업을 할 수 있었습니다. 잔인함을 미룸으로써 관객의 머릿속에 긴장을 만들어내는 것입니다. 뭔가 끔찍한 일이 일어날 거야! 하지만 언제?

　　영화의 첫 번째 숏은 한 쌍의 눈이 안경사의 검사용 안경

테로 둘러싸인 모습을 익스트림 클로즈업으로 잡은 것입니다. 눈은 공포에 차 있는 동시에 위협적입니다. 깜빡이는 눈을 보여준 후 바닥에서 흔들리는 몇 개의 낱알을 보여주는 사랑스럽고 '고요한' 이미지로 전환하고, 영화의 제목이 떠오릅니다. 이 이미지 사이에는 논리적 연관성이 없습니다. 그저 관객이 풀고 싶은 미스터리와 수수께끼를 만들어주는 것입니다.

다음 이미지는 무언가를 뚫어져라 쳐다보는 한 남성(아디)의 모습입니다. 무엇을 보고 있는지는 알 수 없습니다. 유일하게 들리는 건 매미 소리입니다. 남성의 얼굴은 강렬한 동시에 섬세해 보입니다. 그다음 우리는 TV 화면으로 전환해, 한 남자가 자신의 거실에서 감미로운 노래를 부르는 모습을 봅니다.

이 네 가지 이미지는 어떠한 명백한 의미도 만들어내지 않습니다. 그러나 다음 장면에서 방금 보았던 장면과 같은 구도로 아디가 다시 나타나고, 관객들은 처음으로 어떤 연관성이나 연속성을 느끼게 됩니다. 그리고 다시 TV 화면으로 전환하면, 노래를 부르던 아까 그 남성이 자기가 사람들을 어떻게 잔인하게 죽였는지 묘사하고 있습니다. 관객들이 느끼는 감정, 무언가 끔찍한 일이 곧 일어날 것이라는 기분은 여기서 해소됩니다.

영화의 도입부 내내 우리는 비슷한 기법을 사용했습니다. 이미지와 정보, 인물을 제시하지만 그들이 맺는 관계를 곧바로 알 수는 없습니다. 이것은 천천히 해소될 긴장과 미스터리를 만들어내고, 또다시 새로운 긴장으로 교체됩니다.

영화 시작 후 8분이 흐른 후에야 우리는 **누가, 무엇을, 언제, 어디서**라는 기본적인 정보들을 제시합니다. 영화가 무엇에 관한 것이며 인물들이 서로 어떻게 연결되어 있는지를 이해하기 위해 관객에게 꼭 필요한 정보입니다. 영화 내내 우리는 정보

제공을 유보하면서 긴장을 만들어내고, 절대로 한번에 모든 것을 알려주지 않기 위해 노력했습니다.

우리가 '강변 산책'이라고 부르는 시퀀스에서 아디는 막 조슈아의 오래된 푸티지를 본 이후였습니다. 영상에서 아디의 형을 죽인 살인자들은 그들이 어떻게 스네이크 강으로 '공산주의자들'을 끌고 와 참수하고, 시신을 강에 버렸는지를 보여주었습니다. 이다음에는 죽기 직전에 가까스로 탈출했던 크맛이라는 남성이 등장하는 장면입니다.

이 푸티지에서 아디와 크맛은 아카이브 푸티지에서 보았던 그 길을 되짚어갑니다. 여기에서는 핸드헬드로 찍은 긴 숏을 사용해 크맛이 걸으며 기도하는 모습, 아디가 점점 낙담하는 표정을 보여줍니다. 산책하는 모습은 약 2분간 지속됩니다. 그들이 마침내 강둑에 다다랐을 때, 숏이 전환되어 오랫동안 강을 보여줍니다. 그런 다음 다른 장면으로 넘어갑니다.

원본 푸티지에는 크맛과 아디가 강둑에 서 있는 모습을 클로즈업으로 잡은 숏들도 있었는데, 이 이미지에서 그들은 감정적으로 깊이 고무되어 있었습니다. 우리는 관객에게 감상적인 인상이나 감정적인 해소를 안겨주는 것을 피하기 위해 이 숏을 잘라내기로 결정했습니다. 대신 계속 긴장과 잔인함이라는 영화의 속성을 이어갔습니다.

관객에게 울(혹은 웃을) 기회를 주는 것이 언제나 옳은 일은 아닙니다. 대신 우리는 반쯤 비어 있는 시장으로 컷을 전환하여, 놀고 있는 어린이 몇몇을 배경으로 희미하게 인도네시아 가요가 들리는 장면을 보여줍니다. 이 이미지는 타블로로서, 《액트 오브 킬링》에서 빌려온 스타일의 요소입니다.

망각 속으로 스러져가는 마음

《액트 오브 킬링》에 노력을 쏟은 덕분에, 정서적 연결의 힘으로만 구축된 초현실적인 차원에서의 작업에 대해 많은 것을 배웠습니다. 이 기법을 이용해 장면과 이미지들은 구체적인 의미를 잃고, 대신 놀라운 전환이나 모호함으로 작동하게 됩니다. 꿈에서와 마찬가지로.

비록 《침묵의 시선》의 세계는 그와 같은 느낌으로 기괴하지는 않지만, 우리는 그럼에도 《액트 오브 킬링》에서 사용했던 영화 언어의 몇몇 요소를 계속해서 사용했습니다. 《침묵의 시선》의 도입부에서 우리는 멀리서 트럭들이 카메라 방향으로 움직이는 것을 바라보는 타블로를 활용합니다. 밤이라서 트럭의 헤드라이트 빛은 울퉁불퉁한 길을 따라 오르내립니다. 망원 렌즈로 촬영했기 때문에 트럭들은 그리 가깝게 다가오지 않는 느낌이 듭니다. 이 이미지는 오랜 시간 유지됩니다. 처음에는 이미지가 단독으로 나오고, 그다음 집단 학살에 대한 배경 지식을 담은 설명 텍스트가 화면 위로 겹쳐집니다.

텍스트가 사라지면 우리는 나이 많은 여성의 읊조리는 음성을 듣습니다. "람리, 이 엄마는 네가 보고 싶다." 잠깐의 정적. 그리고 "아직도 난 네 꿈을 꾸곤 한단다." 다음으로 우리는 한 노인이 씻겨지는 장면으로 전환합니다. 노인의 얼굴과 몸은 약하고 주름이 가득해서, 어린이의 몸과 해골의 몸을 동시에 떠올리게 합니다. 한 나이 많은 여성이 자신의 남편을 씻겨주고 있습니다.

이것이 우리가 아디의 부모를 제시하고 전체 영화를 관통하는 용서라는 궤적을 소개한 방식입니다. 우리가 듣는 것은 아디 어머니의 목소리이지만, 이 목소리는 아디와 어머니가 살해당한 형/아들의 묘를 방문하는 다른 장면으로부터 따온 소리입니다. 아디의 어머니가 비석 옆에 앉아 죽은 아들인 람리에게 말을 거는 장면이었습니다. 남편을 씻겨주는 어머니의 이미지 위로 들리는 읊조리는 목소리는 이별한 아들과 남편이 하나로 뭉쳐지는 꿈결 같은 느낌을 이 장면에 부여합니다.

원본 자료에는, 공포에 잠겨 힘없이 집 안을 돌아다니던 아디의 나이 많은 아버지가 자신이 다른 사람의 집에 들어왔다고 착각하는 푸티지가 있었습니다. 이 푸티지는 이전에 아디가 촬영한 리서치를 위한 자료였습니다. 완전한 무력감, 공포, 그리고 쇠락을 보여주는 아주 무서운 장면이었습니다.

여기에서 영감을 받아 우리는 아디의 사명과 나란하게 흐르는 어떤 면을 드러내는 작업을 하게 되었습니다. 바로 아디의 아버지가 천천히 망각 속으로 스러져가는 과정에 집중하는 것이었습니다. 그의 아버지의 쇠락은 주된 이야기에 논리적으로 연결되지는 않지만, 아디의 임무를 정서적으로 비추는 거울처럼 작용했습니다. 이것은 또한 과거를 목격한 이들이 서서히 죽어가고 있으며, 이들과 함께 집단 학살의 진짜 이야기 또한 사라지고 있다는 메시지를 전달합니다.

정신이 오락가락하는 아버지의 이미지는 우리가 만든 '망각 궤적'의 마지막 장면이 되었습니다. 우리는 편집 초반부터 이렇게 되리라는 것을 알았고, 따라서 아버지가 점점 무너져가면서 그의 기억이 희미해져가는 느릿한 전개를 통해 나머지 이야기들을 쌓아 올릴 수 있었습니다.

하지만 아버지의 서사에는 또한, 많은 사랑과 유머가 있었습니다. 아내가 몸을 씻기고 파우더를 발라주는 보살핌에는 어머니가 자식을 씻길 때와 비슷한 부드러움과 잔혹함이 섞여 있었습니다. 아디의 아버지는 사랑 노래를 흥얼거리는 자신이 열일곱 살이라고 생각합니다. 아디와 어머니는 이런 바보 같은 모습에 웃음을 터뜨리지만 이 웃음은 사랑으로 가득합니다. 그들의 웃음은 관객도 함께 웃을 수 있게 만듭니다.

인생은 다채롭고, 슬픔과 기쁨을 모두 지니고 있습니다.

앞서서 저는 저의 개인적인 인생을 비교 도구로 삼아 작업하는 영화 안에 추가적인 깊이를 더한다는 설명을 했습니다. 저의 개인적 이야기를 아는 관객은 없지만 말입니다.

《침묵의 시선》을 편집하는 동안, 제 아버지의 치매는 점점 악화되었고 어머니는 지긋한 나이에도 상대적으로 잘 관리를 하고 계셨습니다. 저는 아디의 어머니에게서 제 어머니를 보았습니다. 오랜 삶과 가까이 다가온 죽음으로 인해 감상이 사라진 거친 모습, 숨기거나 거짓말을 하지 않는 모습에서 말입니다.

아디의 아버지와 저의 아버지에게 나타난 기억 상실과 어린 시절로의 퇴행은 돌이킬 수 없는 동시에 아름다운 삶의 순환에 대해 깊은 깨달음을 주었습니다. 아버지가 망각의 저편으로 스러져가는 이야기는 《침묵의 시선》을 보편적으로 만드는 데 중요한 요소였고, 고유의 시간과 공간을 넘어 인간으로 산다는 것의 의미를 말해주는 영화로 완성해주었습니다.

어떤 해피 엔딩

인간은 언제나 조화를 추구합니다. 우리에겐 질서와 논리가 필요합니다. 선과 악의 전투에서 우리는 선이 승리하기를 바랍니다. 《액트 오브 킬링》은 선이 아예 존재하지 않는 것처럼 보이는 세계에서 일어나는 이야기 같지만, 역설적으로 드라마투르기적 관점에서는 해피 엔딩입니다.

안와르 콩고는 영화의 마지막에 자신이 저지른 일이 영웅적 행동이 아니라 자신과 똑같은 사람들에 대한 잔인한 살인이었음을 깨닫게 됩니다. 악한 개인이 그의 악함을 인정할 때, 우리는 희망을 느낍니다.

《침묵의 시선》에서 아디는 선함을 대표하며, 모든 반대에 맞서 신성한 임무를 이어가면서 나쁜 사람들이 자신들의 악행을 인정하고, 인도네시아인들이 자국에서 벌어진 1965년의 집단 학살을 인식하게 하려고 노력합니다.

그의 임무는 실패하고, 따라서 드라마투르기적인 관점에서 이 영화는 비극이 됩니다.

국제법 사회에서, 화해는 살인과 복수를 반복하는 폭력의 순환을 멈추는 수단이라는 믿음이 있습니다. 화해는 남아프리카공화국이나 르완다에서는 잘 작동했다고 할 수 있습니다.

잘못된 행동이 가시화되면, 학살자들이 죄를 인정하고, 피해자들은 용서합니다. 위와 같은 내러티브는 의심할 여지 없이 뿌리 깊은 갈등을 해결하기 위해 세상이 필요로 하는 것이지만, 이것이 항상 진정한 내러티브는 아닙니다. 피해자들은 무엇보다도 복수에 목말라 있습니다.

《침묵의 시선》에서 우리는 아디의 어머니가 누구도 용서할 준비가 되지 않았음을 봅니다. 그녀는 자신이 고통받았듯이, 아들을 죽인 자들과 그들의 자녀, 그들의 손자까지 괴롭기를 바랍니다. 그녀는 복수를 원합니다. 하지만 이런 내러티브는 갈등을 해소하는 데에 건설적이지 않습니다. 따라서 우리는 이것을 공적 논쟁의 장에서는 억누르게 됩니다.

스크린에서 벌어지는 대립 중 마지막에서 두 번째로 등장하는 장면에서, 아디는 한 '사형 집행인'과 성인이 된 그의 딸을 만납니다. 이 장면의 시작에서 '사형 집행인'은 자신이 공산주의자들에게 한 짓을 자랑스러워 합니다.

하지만 딸은 아버지가 피해자들의 피를 마셨다는 이야기를 듣고 충격을 받습니다. 아디가 자신의 형도 살해당했다고 말하자, 그녀는 용서를 구합니다. 이 장면은 아디와 살인자의 딸 사이에 형성된 따뜻한 깨달음으로 끝납니다. 이 대립 장면은 아디의 목적이 실현된 유일한 장면이기도 합니다.

《침묵의 시선》을 이 장면으로 끝맺을 수도 있었습니다. 이 장면에는 인도네시아가 집단 학살로 인해 얻은 상처를 치유할 수도 있을 거라는 희망과 건설적인 해결책이 있었습니다. 해피 엔딩은 영화가 만든 고통에서 관객을 해방시키고, 자신이 목격한 온갖 잔인함에도 불구하고 결국 화합과 희망을 느끼면서 극장을 나서도록 해주었을 것입니다.

그러나 우리는 아디가 형을 죽인 자의 두 아들을 만나는 장면으로 영화를 끝내기로 결정했습니다. 아들들의 반응은 이전 대립에서 다른 사람들이 보인 반응과 같았습니다. 부인하고, 책임감으로부터 도망치고, 위협하는 것입니다. 늙고 병든 과부는 계속해서 불평을 털어놓았지만 아디는 그녀와 아들들이 계속해서 진실을 마주하게 만들었습니다.

과부가 "나는 무슨 일이 일어나고 있는지 몰랐다."며 거짓말을 하다 들켰을 때, 조슈아는 그녀가 담긴 오래된 영상을 보여주었습니다. 그녀는 남편이 무슨 일을 하는지 명백하게 알고 있었습니다.

이 장면은 동정심과 반감이 명확히 구분되지 않는 모호

함 속에서 전개됩니다.

아디와 조슈아에게 무슨 권리가 있어서 이들의 집을 찾아가 늙고 병들고 불행한 여인에게 압박을 가하나요? 아들들이 어머니를 보호하려고 하는 것은 당연하지 않나요? 그들은 부모의 행동에 책임이 있나요?

이 장면은 조슈아가 영상을 하나 더 보여주겠다고 고집을 부리고, 아디가 이 결정에 무조건적으로 만족하지는 않는 모습을 길게 보여주는 숏으로 혼란스럽게 끝이 납니다. 우리는 단순한 감정들로 장면을 마무리하기보다 이 장면에서 관객이 느끼는 모순적 감정들이 폭발하도록 만들었습니다. 쉬운 해답은 없기 때문입니다.

아디의 임무는 성공하지 못했습니다. 관객은 슬픔, 고통, 분노와 같은 모순적인 감정을 잔뜩 얻게 됩니다. 이 감정들과 살아가기란 쉽지 않기 때문에, 또 잊는 것도 쉽지 않기 때문에 영화는 끝나고 나서도 계속됩니다. 책임자들이 자신들의 행동을 인정하게 만드는 데는 실패했지만, 40년간의 침묵을 깨려는 아디의 용기는 희망을 상징합니다.

《액트 오브 킬링》과 《침묵의 시선》은 인도네시아 사회에 큰 반향을 일으켰습니다. 이 영화들은 더 이상 억누를 수 없는 토론을 촉발시켰습니다. 이 영화들은 나라의 역사를 변화시키는 역할을 했고, 그것은 대부분의 영화에는 주어지지 않는 기회였습니다.

모가디슈 솔저

MOGADISHU SOLDIER

감독.
토르스테인 그루데

전쟁을 정당화하기

전쟁은 많은 면에서 이해하기 어렵습니다. 하지만 인간은 언제나 전쟁을 이야기 할 때 논리와 연속성을 찾으려 노력해왔습니다. 거칠게 말하자면 이 이야기들은 두 카테고리로 나뉩니다.

'정당한 전쟁'은 전쟁을 정당화하는 시도를 담은 이야기들입니다. 이 이야기는 착한 사람과 나쁜 사람을 명확하게 구분 짓습니다. 용기, 사랑, 우정, 연민과 같은 인간적 속성은 착한 사람의 것입니다. 교활함, 냉소, 비인간성은 모두 나쁜 사람의 것입니다. 이런 이야기는 승자의 관점을 취하며, 영웅적인 톤을 가지고 있습니다.

다른 카테고리는 이와는 정반대인 '의미 없는 전쟁'이라는 이야기입니다. 이때의 '이야기'는 주로 민간인이나 보병과 같은 피해자의 관점에서 전개됩니다. 주요 인물은 거의 항상 착한 사람이지만, 그들에게는 행동을 취할 기회도, 개인적으로 책임을 질 기회도 주어지지 않습니다. 그들은 피해자입니다. 여기에서 나쁜 사람은 장성이나 정치인과 같이 전쟁을 원하는 세력이거나, 의미 없고 부조리한 전쟁 그 자체가 됩니다. 이야기의 톤은 비애에 차 있고 감상적이 되는 경향이 있습니다.

따라서 전쟁에 관한 이야기들은 이전의 전쟁을 정당화하거나 미래의 전쟁을 멈추는 것에 대해 말합니다. 하지만 전쟁에 대해 우리가 하는 이야기들은 과연 '진실'한 것일까요?

눈앞의 구체적인 죽음

《모가디슈 솔저 Mogadishu Soldier》는 50년 이상 크고 작게 전쟁이 지속되고 있는 나라 소말리아를 배경으로 합니다. 2006년부터 '알샤바브'라는 급진 이슬람 단체는 소말리아 정부와 전쟁을 벌였습니다. UN에서는 부룬디(Burundi)를 포함한 다른 아프리카 국가의 군사들로 소말리아 군대를 돕고 훈련하는 평화유지군(AMISOM)을 구성해 재정적으로 지원했습니다.

노르웨이 출신 감독 토르스테인 그루데는 다른 영화를 작업하던 중 부룬디군의 대령을 만나게 됐습니다. 나중에 이 대령은 소말리아의 수도인 모가디슈에 주둔하는 부룬디 군대의 지도자가 됩니다. 이 만남으로 토르스테인은 아주 특별한 기회를 얻었습니다. 그는 두 명의 병사(베르나르 응타우야마라와 존 메리 바쿤디마나)에게 각각 카메라를 주고, 간단히 사용법을 가르쳐준 뒤, 그들이 원하는 것을 마음대로 찍도록 했습니다.

토르스테인이《모가디슈 솔저》의 원본 푸티지를 보여주자마자 저는 충격을 받았고, 매혹당했습니다. 그 안에는 이전에는 한 번도 보지 못했던 전쟁의 이미지들과 전쟁을 바라보는 방식이 담겨있었습니다. 이것들은 병사들 스스로의 이미지였습니다. 영화 창작자가 외부에서 자신의 도덕적 태도를 현실에 부과하려고 시도하며 만든 것들이 아니었습니다.

이미지들은 전쟁의 일상적인 면을 보여주었습니다. 다시 말해, 군사적 대립 사이의 빈 곳, 휴식, 기다림이 담겨 있습니다.

처음에 병사들은 상대방(자신들의 전우)에게 포즈를 취해 달라거나 말을 걸면서 어떤 것을 촬영해야 하는지, 무엇을 바깥 세상에 보여주는 것이 중요한지를 얘기합니다. 그들은 일에 자부심이 있었고, 대체로 전쟁을 위험도가 높기는 하지만 잘 해내고 싶은, 업무의 일종으로 바라보았습니다. 그들 내부의 대화는 (놀랍게도) 적을 인간화하려는 시도를 담고 있었고, 적과 적의 방법론을 이해하려는 내용이었습니다.

실제 전쟁이 발생하고 있을 때, 카메라는 전선을 따라갑니다. 이 이미지들은 기록적이고 진지하며, 감상이 철저히 배제된 것들입니다. 죽음은 눈앞에 보이는 구체적인 것이었습니다.

500시간의 편집되지 않은 현실 – 방법론

토르스테인과 저는 500시간에 이르는 이 촬영본이 병사들이 직접 보여주는 전쟁 푸티지라는 점에서 독특하다고 처음부터 의견을 같이했습니다. 이 영상 자료는 현실에 대해 도덕적 해석을 몰래 품고 있는 미학 혹은 스토리텔링 전통에 얽매인 전문 창작자의 시선으로 만들어진 것이 아니었습니다.

그렇다면 질문은 이것입니다. 어떻게 이 원본 자료의 진정성과 특별한 성격을 보존하는 동시에, 현실에 대한 밀도 높고 주관적인 해석으로서 기능하는 영화를 만들 수 있을 것일까요? 토르스테인과 저의 영화적 경험이 촬영본의 순수성을 해치게 될 것일까요?

다큐멘터리 영화 편집은 언제나 미지로 떠나는 여행과 같지만, 《모가디슈 솔저》는 가장 기본적인 수준에서 우리가 오랫동안 영화 창작에 대해 배워왔던 모든 것을 잊어버려야 하는 작업이었습니다.

많은 양의 원본 푸티지를 가지고 작업할 때는, 자료를 기록해두는 것이 중요합니다. 훌륭한 기록 시스템을 가지고 있으면 세 달 전에 보았던 이미지를 찾기 위해 너무 많은 시간을 쓰지 않고도 자료 속을 누비고 다닐 수 있습니다.

무엇보다 500시간은 한 명의 편집자가 꼼꼼히 살펴보기에는 너무 많은 양입니다. 그것이 가능하다고 할지라도 자료 검토를 끝낼 즈음에는 초반에 보았던 것들을 잊어버리기 십상입니다. 그래서 우리는 자료를 기록하기 위해 제게 편집 수업을 들었던 옛 제자 한 명을 고용하기로 했습니다.

자료 기록의 첫 단계는 우리가 사용하게 될 다양한 검색 카테고리를 정립하는 것입니다. 이것이 전체 편집 과정을, 그럼으로써 최종 영화를 결정짓게 될 것이므로 매우 중요한 작업이었습니다.

장소와 행위에 짧은 설명을 더해, 우리는 아래와 같은 주요 카테고리를 사용했습니다.

> 부대 – 시내
> 전투 – 자유 시간
> 민간인 – 난민
> 부상자들 – 사망자들
> 장군들 – 사병들
> 인터뷰 – 보여주기
> 시각적 스타일 – 기술적 퀄리티
> 적군 – UN – 언론

대부분의 카테고리를 완전히 대립되는 쌍으로 설정함으로써, 우리는 각 카테고리의 드라마투르기적, 동역학적 기능을 더 잘 이해할 수 있었습니다. 또한 기록자는 훈련받은 편집자였고 영화에 관한 토론에도 많이 참여해본 경험이 있었기에 자료의 퀄리티를 5점 척도로 판단할 수 있는 능력이 있었습니다.

영화의 전체적인 틀을 정립하는 것은 우리가 가장 먼저

결정해야 했던 것 중 하나였습니다. 영화는 부룬디의 병사들이 소말리아에 오면서 시작하고, 그들이 다시 떠나는 1년 후에 끝납니다. 이것은 변화를 만들 수 있을 거라는 낙관적인 희망에서부터 환멸과 향수병으로 이어지는 병사들의 변화를 자연스럽게 좇는 연대기적 동력을 영화에 부여했습니다.

이렇게 영화를 관통하는 감정의 곡선은, 영화의 드라마투르기적 중추이기도 했습니다. 간결하고 현실에 기반해 있기 때문에, 그 어떤 편집 과정의 출발점으로도 손색이 없었습니다.

주인공으로서의 카메라

푸티지에 이어서 등장하는 특별한 인물이 없었기 때문에, 우리는 일찍부터 카메라를 주인공이나 혹은 주요 캐릭터로 만들기로 결정했습니다. 영화의 주인공이란 관객이 그를 통해 행동을 대리 경험할 수 있는 누군가 혹은 무언가이며, 그런 행동으로 인해 영화가 진행되는 동안 변화를 맞이하는 누군가 혹은 무언가입니다.

이런 정의는 카메라에도 적용됩니다. 카메라가 주인공이라는 사실은 첫 번째 숏에서부터 바로 드러납니다. 모가디슈 공항을 촬영하는 장면에서, 카메라를 맡은 병사 한 명이 착륙하는 비행기를 찍는 모습이 거울에 비친다. 병사의 얼굴은 중요하지 않지만 그가 쥔 카메라는 중요합니다. 이 눈을 통해 우리는 영화를 경험하게 될 것입니다.

가끔 저는 사람들에게 이렇게 말합니다. '당신이 만든 영화를 보여주면 당신이 어떤 사람인지 말해줄게요!' 이것은 물론 도발이고, 대부분의 도발이 그러하듯 과도하게 단순화된 표현입니다. 하지만 이 문장에는 일말의 진실이 깃들어 있습니다. 촬영하는 대상과 그것을 촬영하는 방식은 촬영자가 어떤 사람인지를 말해줍니다.

주제라든지 앵글과 같이 의식적으로 드러난 선택들뿐만이 아니라 더 무의식적인 선택에서도 이를 읽어낼 수 있습니다. 예를 들어 촬영 대상에 더 가까이 다가가거나 거리를 유지하기로 했을 때, 이것은 우리가 어떤 사람인지, 또 주어진 상황에 대해 어떤 감정을 느꼈는지를 보여줍니다.

누군가는 이것이 아마추어보다는 전문적인 창작자에게 적용되는 이야기라고 하겠지만, 저는 오히려 그 반대라고 생각합니다. 전문가는 그를 이끄는 지식과 언어와 의도를 가지고 의식적인 결정을 내립니다. 하지만 촬영하는 순간에는 촬영자의 감정을 알기 어렵게 만드는 경우가 많습니다.

촬영 초반의 푸티지는 대체로 자기표현을 전시하는 것으로 이루어져 있었습니다. 촬영을 하는 병사들은 여러 상황을 촬영하고 인터뷰를 했습니다. 푸티지는 이들이 얼마나 좋은 병사들인지 보여주고 임무의 목적과 정당성을 설명하는 방향으로 설계되어 있었습니다.

하지만 그들은 아마추어 촬영자였기 때문에 결과물은 딱딱하고 믿음이 가지 않았습니다. 대부분의 이미지는 롱숏이었고, 클로즈업은 거의 없었습니다. 이미지들이 단순히 제시될 뿐, 정서적인 해석의 여지가 없었습니다.

하지만 우리는 또한 완전히 다른 종류의, 촬영하는 병사들의 감정을 명확하게 보여주는 푸티지를 보게 되었습니다. 그들은 카메라를 이용해 자신의 주변 환경을 호기심 어린 눈으로 탐색했고, 줌 기능을 활용해 현실을 더 가까이에서 바라보았습니다. 이런 화면은 그들이 모두 부대에 국한되어 생활하던 임무 초반에 특히 많았습니다.

임무를 반쯤 진행했을 때, 평화유지군은 알샤바브를 모가디슈 밖으로 쫓아내기 위해 소말리아 정부군과 함께 공격을 감행했습니다. 부룬디 병사들은 참호에서 나와 부대를 둘러쌌고, 도시에서는 전투가 일어났습니다. 카메라는 병사들의 어깨 위로 올려져 공격의 최전방에 놓였습니다. 여기에서는 자신을 과대 포장할 여유라고는 존재하지 않았습니다. 아주 급박한 촬영이었습니다.

영화 종반부의 한 장면이 된 이번 공격의 정점은, 촬영을 하는 병사가 다친 동료를 안전한 곳으로 옮기기 위해 촬영을 멈춰야 하는 순간이었습니다. 하지만 그는 카메라를 끄는 것을 잊었습니다. 흔들리는 이미지를 통해 바닥과 발들이 보이고, 배경으로는 총성과 군인들이 달리는 소리, 거친 숨소리가 들립니다.

영화의 모든 주인공이 그러하듯 《모가디슈 솔저》의 주인공(곧 카메라)은 성장합니다. 바로 거리를 두는 보여주기와 자기 홍보에서 적극적인 참여로의 변화입니다.

전쟁이 이런 변화를 끌어낸 것입니다.

카메라 앞에서 농담하는 친절한 젊은이들

병사들이 직접 촬영을 했으므로 시각적 콘셉트로서 '카메라를 주인공으로' 활용하는 것뿐만이 아니라, 병사들의 편에 서보는 것이 토르스테인과 나에게는 중요한 일이었습니다.

아프리카는 혼란이 가득한 대륙이었고, 우리는 의미 없는 전쟁에 동원된 흑인 청년들이 총알 벨트를 목에 두른 채 기관총을 흔드는 이미지를 보는 데 익숙해져 있었습니다. 이런 클리셰에서 벗어나기 위해, 전쟁에 장악되기 전의 병사들을 평범한 젊은이로 보여주는 것이 중요했습니다.

영화의 도입부에는 촬영을 맡은 병사들이 부대에 갇혀 지내며 동료들을 촬영한 영상이 들어갔습니다. 여기에서는 아마추어 푸티지에 으레 담긴 '카메라 앞에서의 바보스러움'이 보입니다.

카메라가 있을 때 우리는 주변 상황이나 서로에 대해 농담을 하고 싶어집니다. 이런 종류의 푸티지는 전쟁에 대해서는 별로 알려주는 것이 없지만, 관객으로 하여금 이 병사들에게서 자신의 모습을 보게 한다는 점에서 중요합니다. 병사들도 우리와 마찬가지로 친구가 핸드폰을 들고 뭔가를 찍으려고 하면 광대처럼 우스꽝스러운 행동을 하는 사람인 것입니다.

병사들이 진심으로 자신이 좋은 일을 하고 있다고 믿는 점도 그들과 공감하는 데 중요한 요소가 되었습니다. 그들은 그저 기관총을 멘 피에 굶주린 멍청이들이 아니라 민간인을 돕기 위한 임무를 수행 중이라고 믿는 사람들입니다. 영화의 초반 30분 동안, 전쟁과 관련된 행위는 거의 볼 수 없습니다. 우리는 병사들을 공감할 수 있는 목표를 가진, 우리와 비슷한 행동을 하는 친절한 젊은이들로 구축했습니다.

이후, 전투와 전쟁의 공포가 천천히 이들을 장악해갑니다. 병사들은 옳은 일을 하고 있다는 신념을 잃어버리고, 관객은 그들의 변화를 따라가면서 많은 병사가 초반에 진심으로 믿었던 대의명분 때문에 심각하게 다치거나 목숨을 잃는 것을 지켜봅니다.

드라마투르기로서의 지리학

전쟁 영화에서 지리적 요소는 늘 드라마투르기상에서 중요한 역할을 해왔습니다. 전쟁에서 성공과 실패는 얼마큼의 땅을 차지했느냐로 평가됩니다. 전통적인 극영화 중에서는 《콰이강의 다리 The Bridge Over the River Kwai》나 《독수리 요새 Where Eagles Dare》 같은 영화들이 그 예시일 것입니다. 우리가 가진 촬영분 안에는 전쟁의 지리적 감각, 즉, 진격이나 후퇴에 관한 내용이 별로 없었지만, 그럼에도 지리는 우리의 드라마투르기 구성에 중요한 요소였습니다.

　　부대에 도착한 뒤 첫 번째 장면은 입구를 콘크리트 벽돌과 철조망으로 조심스럽게 봉쇄하는 모습을 담고 있습니다. 그리고 카메라는 밖으로 나가려다가 특별 허가 없이는 어떠한 이유로도 부대를 떠나지 말라는 엄격한 명령을 받습니다. 병사들은 부대 안에 갇혀 자신들을 둘러싼 참호와 초소 바깥의 세상을 바라볼 수 있을 뿐입니다.

　　우리는 영화 초반 34분 동안 이 부대 안에만 머무릅니다. 평화유지군이 공격을 시작하자 영화의 지리적 감각은 완전히 소멸됩니다. 적군이 어디에 있는지, 임무의 목적이 무엇인지도 알 수 없기에 우리는 혼란스러움과 무의미함을 느낍니다.

　　아주 오랫동안, 토르스테인과 저는 영화 이해에 필요한 최소한의 정보만을 제공하는 일과 씨름하고 있었습니다. 우리는 상당 기간 검은색 무지 화면과 흰색 텍스트를 이용해 정보를 삽입하는 기법을 사용해 작업했는데, 이것은 결국 영화의 시작과 끝에만 남게 되었습니다. 하지만 원래는 영화 전체에 산발적으로 들어가 있었습니다.

이 정보들을 제공해야 하는 걸 알고 있었지만, 동시에 이것이 영화의 진정성을 파괴하고 영화의 기본 전제를 배반하는 듯 느껴졌습니다. 영화의 시선이 병사들로부터 우리에게로 옮겨온 것입니다.

편집 과정을 마무리할 때에야 우리는 이 문제의 해결책을 찾을 수 있었습니다. 촬영의 진행 과정을 파악하기 위해, 토르스테인은 촬영자들에게 새로운 테이프를 사용할 때마다 비디오카세트를 찍어달라고 요청했었습니다. 카세트에 테이프 번호를 쓰고 간략하게 촬영 내용과 장소를 적도록 한 것입니다.

각 테이프의 시작에 등장하는 20초 가량의 이 장면들이 문제의 해결책이 되었습니다. 이 숏들은 병사의 시점을 유지하면서 지리적인 정보를 주었습니다. 일종의 연대기(시간이 흐르고 있으므로)를 보여주었고, 동시에 예측 불가능한 감각(테이프 번호가 변화하므로)을 주었습니다. 마지막으로는 영화에 챕터 구조를 만들어주어 혼란스러운 영상들 속에서도 관객이 언제나 참조점을 가질 수 있도록 만들어주었습니다.

장면들 대신 순간들

전문 촬영감독이 영화를 촬영할 때, 그들은 연결된 이미지를 생각하며 이미지의 사이즈와 앵글을 다양하게 변화시킵니다. 편집실에 와서야 이 이미지들은 한데 모여 우리가 장면이라고 부르는 하나의 시각적 이야기를 만들어냅니다.

물론 이것은 《모가디슈 솔저》의 경우에는 해당하지 않습니다. 편집을 시작하면서 저는 평소에 하던 대로 장면들을 구성하려고 했습니다. 시간을 축약하고, 촬영 버튼을 누른 직후의 이미지들을 잘라내 바로 액션에 돌입하게 하는 식으로 말입니다. 이 영상 자료의 성격을 생각해보지 않았던 것이었습니다. 편집자로서 저의 모든 지식과 경험은 자료를 강화하기는커녕 약화할 뿐이었습니다.

나는 다른 방법을 찾아야 했습니다. 반(反)미학을 발견하고 장면 편집에 대한 모든 지식을 잊어버려야 했습니다. '추하게' 편집해야 했습니다.

쉬운 일은 아니었습니다. 마치 40년간 완벽하게 연주하기 위해 훈련해온 바이올리니스트에게 일부러 음정을 틀리게 연주해달라고 하는 것과 같으니까요. 토르스테인은 촬영감독으로도 일한 적이 있었기 때문에 카메라맨이 어떻게 움직이는지를 더 잘 이해하고 있었고, 그의 이런 경험은 특히 카메라가 주인공인 이 영화에 큰 도움이 되었습니다.

저는 장면에 맞추어 이미지를 잘라내기보다는 이미지가 더 오랜 시간 이어지도록, 화면을 전환하지 않고 테이크를 유지하는 방식을 선택했습니다. 숏 안에서 평소라면 잘라냈을 어지럽거나 죽어 있는 부분들도 그대로 남겨두었습니다.

같은 방식으로 우리는 종종 한 장면을 시작할 때, 촬영하는 병사가 촬영 대상에 다가가고 있는 시점, 실제 카메라가 켜지는 순간부터 사용했습니다. 또한 비자발적으로 카메라가 멈추었다가 어떤 장면의 한가운데에서 다시 촬영이 재개되는 장면을 살려서 일종의 점프 컷을 만들었습니다.

여기에서 영감을 받아 인터뷰에서도 점프 컷을 활용해 길이를 단축했습니다. 우리는 간혹 문장이 끝나지 않았을 때에도 컷을 전환했습니다. 보통의 영화에서는 절대 있을 수 없는 일입니다.

우리의 목표는 영화 편집자(그리고 감독)의 손을 숨기는 것이었습니다. 우리의 추한 편집 스타일은 촬영본의 본질에 가능한 한 가깝게 다가가려는 시도였으며, 극대화된 긴장감을 유지하기 위함이었습니다.

선한 의도가 천천히 망가질 때

모든 전쟁은 타인의 비인간화 위에 펼쳐집니다. 우리는 적에게 나치, 공산주의자, 불신자, 이슬람 근본주의자 등의 이름을 붙이고 덜 인간답게 느껴지는 특성을 부여합니다. 이런 방법으로 타인을 죽이는 것에 대해 거의 모든 이가 공유하는 반감을 넘어서게 하는 것입니다.

《모가디슈 솔저》의 병사들은 적군을 악마화할 필요성을 느끼지 못합니다. 오히려 그들은 적을 이해하는 것처럼 보인다. 그 이유는 아마 그들 자신도 전쟁을 일상의 일부로 겪으며 살아왔기 때문일 것입니다. 많은 수가 어린 시절 소년병이었고, 부룬디의 오랜 내전 속에서 조국의 동포를 상대로 싸운 경험이 있었습니다. 그들은 병사라는 것을 자랑스럽게 여겼고, 자신들이 부룬디에서 이루기 위해 분투했던 평화를 가져다주고자 소말리아에 온 것이었습니다.

소말리아인, 민간인, 정부군, 그리고 알샤바브에 대한 병사들의 태도는 관대합니다. "우리도 당신들이 겪고 있는 일을 경험했어요. 그리고 이제 당신들이 더 나은 삶을 살 수 있도록 이곳을 치우는 일을 도와주러 왔어요."

하지만 이들에게 병사가 된다는 것은 무엇보다도 괜찮은 보수로 고향의 가족들을 먹여 살리고 작은 집을 사거나 사업체를 꾸릴 돈을 모을 수 있는, 그리하여 부룬디로 돌아갔을 때 더 나은 삶을 살 수 있는 직업으로서의 면모가 큽니다.

대부분의 스토리텔링은 관계와 긴장 위에 구축됩니다. 우리에게는 타인의 모습에 자신을 비춰봄으로써 스스로를 더 잘 알고 싶은 욕구가 있습니다. 부룬디 병사들과 소말리아 민간인들 사이의 관계는 편집 과정을 통해 영화에서 가장 중요한 요소 중 하나가 되었습니다. 원본 자료에 이미 뚜렷한 전개가 담겨 있었고, 우리는 편집을 통해 이것을 강조하고 확실히 했습니다.

영화의 전체적인 교훈은 이 관계 위에 있습니다. 바로 선한 의도가 전쟁에 의해 서서히 망가지면서 도우려는 이들과 도움이 필요한 이들을 모두 파멸로 이끈다는 교훈입니다.

물 주는 구멍의 변화

모가디슈 공항에 도착한 후, 병사들은 참호와 철조망과 시멘트 벽돌로 출구가 둘러싸인 주 기지로 이동합니다. 병사들은 허락 없이 부대를 나설 수 없습니다. 모가디슈시는 200만 명의 시민이 사는 활기찬 도시였지만, 전쟁 지역이기도 했었기 때문에 부룬디 병사들은 자유로이 돌아다닐 수 없었습니다.

짐을 풀고 각자의 텐트에서 정리를 마친 후, 그들의 관심은 자연스럽게 부대 바깥의 세상을 향했습니다. 카메라는 바깥에 있는 것에 가까이 다가가기 위한 탐색의 도구로 사용되었습니다. 초소부터 지붕 위와 참호까지, 자신들을 둘러싼 사람들을 가까이에서 바라보기 위해 카메라의 줌 기능을 활용했습니다. 병사들이 소말리아 민간인과 직접 접촉할 가능성이 있는 몇 안 되는 장소 중 하나는 자기들끼리 정한 '물 주는 구멍'이었는데,

부룬디 병사들이 자체적으로 신선한 물과 음식을 배급하는 곳을 만든 것이었습니다.

소말리아의 문화에서는 여성들이 물을 길어오고 음식을 마련합니다. 실제로 배급을 진행한 것은 상대적으로 나이가 많은 소말리아 여성들이었지만, 젊은 부룬디 병사들도 물 주는 구멍으로 모여들었습니다.

처음에 우리는 젊은이들 사이의 호기심 어린 만남을 봅니다. 어린 소말리아 여성들은 용기와 강인함을 보여주었고, 부룬디 병사들은 자신들의 배급품을 나누어 지역 민간인을 돕는 것에 대해서 자랑스럽게 이야기합니다.

영화는 두 번 더 '물 주는 구멍'으로 되돌아옵니다. 그리고 우리는 전쟁의 본성 중 일부인 잔혹함과 매매춘으로 전개되는 변화를 보게 됩니다. 악의 없는 추파가 미성년자 성매매로 변해간 것입니다.

폭격과 선한 의도

우리가 한 번 이상 다시 돌아오는 또 다른 장소가 있습니다. 바로 부대 내에 설치된 야전 병원입니다. 여기에서 민간인들은 의료 지원을 받을 수 있습니다. 초반에 우리는 아프고 다친 사람들이 부대로 들어가기 전에 철저히 수색당하는 모습을 봅니다. 자살 폭탄 공격은 알샤바브의 전술 중 하나였지만, 그런 위험에도 불구하고 민간인들은 기지 내에서 의료 지원을 받을 수 있습니다.

우리는 야전 병원에서 촬영된 수많은 양의 원본 푸티지를 받았습니다. 자신들이 소말리아 민간인에게 도움을 주고 있다는 사실을 두 명의 촬영 병사가 자랑스러워하고 있음이 명확히 보였습니다. 인터뷰와 대화를 통해 병사들은 왜 자신들이 소말리아에서 싸우고 있는지를 더 잘 이해하려고 노력했습니다.

그 첫 시도는 직접 마련한 인터뷰에서였습니다. 한 장교가 공식적인 대사를 딱딱하게 읊습니다. "알샤바브는 소말리아를 장악했습니다. 따라서 UN은 우리에게 테러리즘과 싸우는 것을 도와달라고 요청했습니다."

두 번째는 한 무리의 병사들이 수다를 떠는 장면입니다. 그들은 사람들이 왜 테러리스트가 되는지에 대해 설명하려고 했습니다. 그들의 설명은 편견에 가득 차 있고 성차별적이었습니다. 거의 모든 전쟁에서 예외 없이 적군과 적의 여성들은 성적으로 대상화됩니다. 전쟁이 종종 여성들과 '자연스러운' 만남을 가져본 적이 없는 남자 집단에 의해서 일어난다는 것 외에는, 저는 이에 대해 특별히 이유를 알아내려고 하지는 않겠습니다.

어쩌면 위험, 생존, 죽음과 성의 서로 얽힌 관계는 우리가 생각하는 것보다도 훨씬 촘촘할지도 모르겠습니다.

세 번째 핵심 장면에서 병사들은 자신들이 왜 소말리아에 있는지를 이해하려고 노력합니다. 그들은 총격과 총격 사이 참호 안에서 대화를 나눕니다. 병사 중 하나는 소말리아의 민간인이 평화를 얻기 위해 싸운다고 믿는 반면, 다른 하나는 전쟁이란 죽거나 죽이는 일이라고 생각합니다.

이 토론은 결론이 나지는 않지만, 영화의 주요 주제에 있어 매우 중요합니다. 전쟁을 일으키는 일이 평화로 이어질 수 있는 것일까요?

나중에 영화에서 우리는 다시 한번 야전 병원 장면을 보게 됩니다. 한 소녀가 화상으로 뒤덮인 피부를 치료받고 있습니다. 이 장면은 가슴이 아픈 동시에 기괴한데, 이 장면의 끝에서 소녀의 어머니가 웃으며 "딸은 이제 별로 울지 않아요. 익숙해진 거죠."라고 말하기 때문입니다.

이 장면 뒤에 바로 이어지는 장면에서 브룬디 병사들은 박격포 수류탄을 도시 내에 무차별 발사합니다. '선한 의도'는 자신들이 직접 다치게 한 피해자들을 그 자신들이 치료하는, 일종의 폐쇄된 순환 고리가 됩니다.

죽었거나 보이지 않는 적

적이 없다면 전쟁은 존재하지 않습니다. 그렇기에 우리가 적에 대해 만들어내는 이미지와 이야기들은 곧 전쟁에 돌입할 나라의 정치인과 민간인에게 중요합니다. 전쟁에서 실제로 전투를 하게 될 병사에게는 더욱 중요합니다.

《모가디슈 솔저》의 초반에 카메라가 높은 빌딩 위에서 모가디슈시를 좌우로 둘러보는 동안, 병사들이 저기 바깥에 자신들의 적인 알샤바브가 있다고 말하는 장면이 등장합니다.

우리는 거리를 걷는 사람들, 첨탑, 옥상, 푸른 나무들, 그리고 멀리 있는 바다를 봅니다. 평소와 같은 평범하고 평화로운 날이지만 저기 어딘가에 적이 있습니다. 그들은 위험하고 당신을 죽일 준비가 되어 있습니다.

《모가디슈 솔저》에서 우리가 보는 첫 번째 '적군'의 모습은 죽은 모습입니다. 기지를 둘러싼 전투 참호로부터 꽤나 멀리 떨어진 곳에 누워 있는 그의 모습이 반쯤만 보입니다.

현대 전투에서 적은 종종 보이지 않습니다. 폭탄 투하, 미사일, 드론 덕분에 반대편 적들의 모습을 직접 보지 않고 모든 것을 추상적으로 보면서 사람을 죽이는 것이 가능해졌습니다. 그런 이유로 참호 너머에 누워 있는 시신은 하나의 사건이 됩니다.

　　그 적군 병사가 어떻게 죽었는지에 대한 논의가 진행되는 동안, 거의 사람인지도 알아볼 수 없는 상태인 시신의 머리카락이나 유니폼을 조금 더 가까이 보기 위해 카메라가 줌을 끝까지 당겨봅니다. 전쟁은 계속되고, 총격전은 격렬해집니다. 우리는 부상당한 부룬디 병사들이 치료를 받고 있는 병원을 방문합니다. 상황이 아주 심각합니다. 이것은 죽느냐 사느냐의 문제입니다. 적은 눈에 보이지 않지만 당신을 죽일 수 있습니다.

　　33분 뒤, 우리는 다시 한번 적의 전투병들을 보게 됩니다. 그리고 그들 역시 죽은 시신들일 뿐입니다. 하지만 이번에 카메라는 아주 가까이에 있고, 시신 주변의 모든 것을 탐색합니다.

　　영화 내내 대부분의 적은 이미 죽었거나 보이지 않는 상태입니다. 적은 영화의 마지막 1/3 부분에 가서야 인간의 얼굴을 지니게 됩니다. 알샤바브 소속의 한 병사가 포로로 잡힌 것입니다. 그는 푼돈과 음식을 위해 싸우러 나온 젊은이였습니다. 적은 우리가 떠올렸을지도 모르는 수염이 나고 위험한 이슬람 근본주의자가 아니었습니다. 그는 그저 껑다리 같은 어린 청년이었습니다.

　　잠시 뒤, 알샤바브를 위해 싸웠던 열 살이나 열두 살쯤 된 소년이 심문을 받습니다. 이 심문은 회유를 위한 대화였습니다. 장교들은 소년을 혐오하거나 도덕적으로 비난하지 않습니다. 어쩌면 그들 자신도 소년병이 일상적인 현실이었던 나라에서 왔기 때문일지 모르겠습니다. 뒤따르는 장면에서는 평범한 부룬디 보병들이 한 소말리아인 소년에게 알샤바브를 죽일 수 있도록 총쏘는 법을 가르쳐줍니다.

　　이 전쟁은 이데올로기와 적군에 대한 이미지를 지닌 어

른들이 지휘하는, 아이들 사이의 전쟁으로 압축되어 있습니다. 소년병들은 그것들을 이해하기엔 너무 어립니다.

진실, 진정성, 책임감

《모가디슈 솔저》의 모든 것은 두 병사의 푸티지에 가능한 한 충실하려는 우리의 노력 위에 만들어져 있습니다. 이 때문에 우리는 새로운 종류의 편집 기술, 그리고 어느 정도 새로운 종류의 드라마투르기를 개발해야 했습니다.

우리의 목표는 진정성과 일종의 초현실주의를 극대화하여, 영화 속에서 창작자의 손이 보이지 않도록 만드는 것이었습니다. 하지만 이것은 영화가 '절대적 진실'이라는 말과는 다른 것입니다.

물론 우리에게는 서구의 촬영팀이라면 몰래카메라로도 절대 얻지 못했을 푸티지(예를 들면, '물 주는 구멍'에서의 매매춘)가 있었습니다. 그리고 가장 용맹한 서구 촬영자들조차도 뒤로 물러났을 전투 장면들도 있었습니다. 제가 《모가디슈 솔저》를 특별하다고 느끼는 지점은 단지 카메라 앞에 포착된 내용이 아니라, 영화가 촬영된 방식, 미학, 그리고 그것의 서사적 순수함이었습니다.

몇몇 영화제에서 상영한 뒤 가졌던 질의응답에서 우리는 왜 두 명의 촬영 병사들(베르나르 응타우야마라와 존 메리 바쿤디마나)에게 공동 창작자라는 크레디트를 주지 않았느냐는 비판적인 질문을 여러 번 받았습니다. 이 병사들은 토르스테인과 제가 편집실 내에 안온하게 머무르는 동안 목숨을 걸고 영화를 촬영했습니다.

제게 있어 이것은 크레디트를 훔치는 문제가 아니라 누가 최종 해석의 책임을 지느냐의 문제였습니다. 공동 창작자에 베르나르와 존 메리의 이름을 올렸다면 우리는 확실히 도덕성에 관한 질문을 피할 수 있었을 것입니다. 하지만 그렇게 한다면 우리에게 거짓 알리바이가 생길 것이라고 저는 생각했습니다. 왜냐하면 베르나르와 존 메리는 한 번도 촬영본을 해석하는 일(편집)에 관여한 바가 없기 때문입니다.

베르나르와 존 메리도 이 전제에 대해서 프로젝트 시작부터 명확히 알고 있었고, 이것에 대해 의문을 제기한 적이 없었습니다. 소말리아에서 보낸 한 해 동안 있었던 일들에 대한 그들의 시각, 전쟁과 그것의 메커니즘에 대한 그들의 전체적인 태도, 그들이 가진 영화에 대한 이해도와 지식은 모두 본질적으로 토르스테인과 저의 그것과는 달랐습니다. 그들은 우리와는 완전히 다른 현실에, 다른 가치와 동기를 가지고 살고 있었습니다.

토르스테인과 저는 촬영본의 해석에 책임이 있었고, 비판을 받아야 할 사람도 우리였습니다. 나는 베르나르와 존 메리가 참여하지 않은 영화적 해석에 그들을 방패로 사용한다면 위선적인 일이 되리라고 생각합니다.

하지만 이 문제는 다큐멘터리 영화에 대한 새롭고 근본적인 윤리적 딜레마를 담고 있습니다. 모든 사람이 자신의 삶을 촬영하는 시대에, 그리고 카메라가 자아 인식의 일부가 되어버린 시대에, 편집되지 않은 사적인 영상은 방대하게 축적되어왔습니다. 우리는 이런 종류의 아마추어 푸티지로 만들어지는 다큐멘터리 영화들을 점점 더 많이 보고 있고, 미래에는 더 많아질 것입니다.

어떤 특정한 의도 없이 촬영되었거나 사적인 맥락에서

촬영된 아마추어 영상은 완전히 다른 의도를 통해 해석된 후 공적으로 보여질 수 있습니다. 그렇다면 중요한 윤리적 질문은 이것입니다. 누구에게 해석할 권리가 있으며, 어떤 상황에서 그런 것일까요?

유랑하는 사람들

HUMAN FLOW

감독.
아이 웨이웨이

아이 웨이웨이의 더욱 커다란 그림

다큐멘터리 영화는 대체로 소수의 인물이 등장하는 한정된 물리적 세계의 현실을 그려냅니다. 이런 종류의 단순화 작업을 통해 우리가 살아가는 현실과 인간 조건에 대한 어떤 의견을 내게 되는 것입니다. 단순화를 통해 관객들은 더욱 손쉽게 영화 속에서 방향을 잡고 인물들과 공감하게 되기도 합니다.

하지만 여기에도 위험은 있습니다. 우리 모두에게 영향을 주는 갈등을 촉발하는 다른 맥락과 요소들을 이해하지 못한다는 점, 즉 우리가 더욱 커다란 관점을 깨닫지 못할 수 있다는 점입니다.

영화 《유랑하는 사람들 Human Flow》 때문에 중국 출신 아티스트 아이 웨이웨이를 처음 만났을 때, 저는 왜 난민에 관한 영화를 만들고 싶은지를 물었고, 그는 '자신 또한 더 이상 중국에 살 수 없는 난민'이라고 대답했습니다.

웨이웨이의 아버지인 아이칭은 시인이었는데, 문화대혁명 기간에 멀리 떨어진 지역으로 유배되어 화장실 청소 등의 노역에 동원되었으며 그 이후로 글을 쓰지 않았습니다. 웨이웨이는 자신의 의지와 상관없이 이주하게 된 가족의 일원으로서 유배지에서 자랐습니다.

"최근에 난민에 관해 만든 영화가 많다는 건 알고 있어요. 하지만 우리는 유일무이한 난민 영화를 만들 겁니다." 저는 이 주장이 예술적 과대망상과는 관계가 없다는 것을, 오히려 세계를 급격히 변화시키고 있는 난민과 이주민 사태에 대한 더욱 커다란 그림을 들여다보려는 명확한 정치적 시선에 근거해 있다는 것을 빠르게 알아차렸습니다.

2016년 초반, 수백만 명이 유럽으로 이주하기 시작했습니다. 이 난민들은 주로 시리아 내전으로부터 피난하는 사람들이었지만, 여기에는 아프가니스탄, 이라크, 이란, 파키스탄, 그리고 아프리카 대륙 사람도 포함되어 있었습니다.

많은 전문가의 경고에도 불구하고, 유럽은 이런 인류의 거대한 이주에 전혀 준비되지 않은 상태였습니다. 유럽 전역에 혼돈과 정치적 공황이 발생했고, 사람들은 '진짜 난민'과 이주민의 차이점을 구분하려고 노력하면서 위선적인 이중 잣대를 늘어놓았습니다. 모든 EU 국가들이 사인했던 UN 난민 협약은 무너졌습니다.

소위 '난민 사태'라고 불리는 이 사건은 유럽을 넘어 훨씬 더 큰 국제적인 문제를 보여줍니다. 오늘날 세계적으로는 6,500만 명 이상의 난민들이 있고 이는 제2차 세계대전 이후 가장 높은 수치입니다. 전쟁, 정치, 종교 탄압, 빈곤, 그리고 기후 위기는 우리가 파악하기 어려울 정도의 차원에서 대규모의 이주를 발생시켰습니다.

이것이 웨이웨이가 그의 영화 《유랑하는 사람들》을 통해 전달하고 싶었던 '더욱 커다란 그림'이었습니다.

비극이 아니라 변화입니다

우리의 협업은 웨이웨이의 베를린 스튜디오에 앉아 차를 마시며 나눈 수많은 대화에서 시작되었습니다.

감독의 '톤'(감독의 비전, 미학, 그리고 개성)을 이해하는 것은 제게 언제나 매우 중요한 일입니다. 웨이웨이는 미술 쪽에서 활동할 뿐 아니라 아시아 문화권에서 왔기 때문에 이 두 세계에 대해 잘 모르는 나로서는 이 만남이 우리의 협업 과정에서 아주 중요했습니다.

저는 개념적인(conceptual) 영화의 경우, 제가 그 영화의 콘셉트를 이해하게 되는 순간부터 급격히 김이 빠지는 경험에 대해 털어놓았습니다. 관객이 스스로 타이밍을 판단하는 다른 개념 예술들과는 달리, 영화는 시간에 따른 경험을 통해 관객의 내면에 정서적 변화를 요구하기 때문입니다.

반면, 웨이웨이는 영화의 감성적인 면이나 드라마투르기적 공식들을 좋아하지 않았습니다. 동시대 최고의 작가 중 한 명으로 간주되는 웨이웨이였지만, 그에게는 언제나 미학보다는 내용과 메시지가 우선이었습니다. 우리는 예술 영화를 만드는 것이 아니었습니다. 다큐멘터리 영화를 만드는 것입니다.

차를 마시며 나눈 많은 대화에서, 웨이웨이는 편집 과정에 핵심 열쇠가 될 만한 말을 했습니다. "이것은 비극이 아니에요. 이것은 변화입니다. 시간이 생긴 이래, 인류는 자신과 아이들이 더 나은 존재로 살 수 있는 곳을 찾아 돌아다녔어요."

난민에 대한 토론은 대체로 스테레오타입으로 특징지어지는 극단적 경향을 띤다. 이것은 우리가 보는 난민의 이미지에서도 마찬가지입니다. 물론 난민 사태에는 비극적인 면이 있습니다. 전 세계적으로 수만 명이 전쟁에서 죽었고, 수천 명이 위험한 여정에서 죽었으며, 수백만 명이 난민 수용소의 비인간적인 조건 아래 살고 있습니다.

전쟁과 도망치는 사람들에 대한 드라마틱한 이미지가 우리를 둘러싸고 있습니다. 이 이미지들은 공포를 자아내며 많은 사람이 문을 잠그도록 만듭니다.

정반대의 반응을 보이는 사람들도 있습니다. 그들은 연

민을 느끼고 난민을 피해자로 만들어버립니다. 타인을 피해자로 만들 때, 우리는 그들의 힘과 가능성을 빼앗게 됩니다. 스스로를 더 우월한 지위에 놓고 그들에게 동정심을 느끼는 것입니다. 동정심을 통해 우리는 권력자의 지위를 유지합니다. 자국으로 더 많은 난민을 받아들이자고 말할 때조차 이런 생각이 깔려 있는 경우가 많습니다.

공포와 감상이라는 양쪽 극단은 난민을 동등한 사람으로 바라보는 것을 배제합니다. 민족주의적, 문화적, 종교적 도그마에서 벗어난 인본주의적이고 세계주의적인 평등의 원칙에 따른다면, 지구상의 모든 사람에게는 동일한 개별적 가치가 부여될 것입니다. 여러 차례 함께 차를 마시면서, 저는 웨이웨이와 제가 비슷한 정치적 시각을 공유한다고 확신했습니다. 하지만 더 큰 질문은 이것이었습니다. 이 시각을 어떻게 영화적 경험으로 바꾸어낼 수 있을까요?

자료의 여러 가지 질감

웨이웨이가 베를린으로 망명하고 얼마 지나지 않아, 그의 아들이 다니는 학교에서 알게 된 한 학부모가 예전에 공항이었던 템펠호프에 세워진 난민 캠프를 방문하자며 그를 초대했습니다. 그는 오래된 비행기 격납고에서 수백 명의 난민과 만났고, 즉흥적으로 촬영을 시작하게 되었습니다.

대본도, 전체적인 구조도 없는 상황이었습니다. 웨이웨이에게 푸티지는 개인적인 발견의 여정으로, 2016년 내내 벌어지고 있던 강렬한 사건들을 따라잡기 위한 기록이자 지식의 수집이었습니다. 그의 마음속에는 현실을 재단해 넣어야 할 완성된 개념이나 개요가 없었습니다.

　　제가 프로젝트에 참여하게 되었을 때, 웨이웨이는 이미 50시간 분량의 자료를 촬영한 상태였습니다. 9개월 후 제가 편집을 마무리했을 때, 영화는 무려 1,000시간이 넘는 분량의 영상으로부터 구성된 결과물이 되었습니다.

　　이 1,000시간의 자료는 첨단 장비에서부터 휴대폰에 이르기까지, 다양한 카메라를 이용한 수많은 촬영자에 의해 만들어졌습니다. 《유랑하는 사람들》의 원본 영상들은 명확히 갖가지 다른 방향으로 비죽비죽 튀어나가고 있었습니다.

　　따라서 편집 과정 초반에는 수개월에 걸쳐 이 자료를 분류하는 것에 집중했습니다. 이것들을 하나의 공통된 언어로 묶어내기 전에, 먼저 다양한 요소들을 탐색하고 정의하는 작업이 필요했습니다. 각기 다른 영상들을 다루기 위해서는 어떤 규칙이 필요한지, 그리고 그 후에는 한데 모여진 영상들이 서로에게 어떤 말을 건네는지를 알아내야 했습니다.

　　웨이웨이는 이것에 깊이 관여했고, 훌륭한 셰프라면 누구나 그렇듯이, 좋은 기본 재료를 쓰는 것이 좋은 음식을 만드는 비법이라는 점을 알고 있었습니다. 초기에 가졌던 회의에서, 한번은 웨이웨이가 자신의 미술 작품 사진을 보여주었습니다. 나무 모양의 조각품이었는데, 이 조각품은 수많은 다른 종류의 나무로 만들어진 것이었습니다.

　　"이것이 제가 이 영화를 바라보는 방식이에요." 그가 말했습니다. 겉으로 보기에는 혼란스러웠지만 웨이웨이에게는 푸티지에 대한 명확한 시각적 개념이 있었던 것입니다. 길을 떠나는 사람들을 담은 롱숏에서는 전쟁이나 재난 묘사에서 주로 사용되는 감정적인 클로즈업을 피하고자 노력한 흔적이 명백히 보였습니다. 여기에서 그가 집중한 것은 인류라는 한 덩어리이지, 개별적 인간이 아니었습니다.

이 인류의 덩어리는 여정을 떠나고, 기다리고, 휴식하고, 도착했다가 또 떠납니다. 움직이는 사람들. 우리는 이런 영상들을 '유랑 영상'으로 불렀습니다. 웨이웨이는 여행을 다니며 많은 수의 난민을 만나 그들의 이야기를 들었습니다. 이 대화들은 전문가, 정치인, 인권 운동가의 인터뷰와 함께 우리에게 지적이고 언어적인 차원의 자료를 제공해주었습니다. 600개가 넘는 인터뷰와 대화가 녹화되었습니다.

위에서 말했듯이 《유랑하는 사람들》은 웨이웨이에게 개인적인 발견의 여정이었고, 따라서 자연스럽게 웨이웨이 자신이 여행길에 오른 모습이 촬영된 영상도 있었습니다. 어떤 것들은 고화질로 멋지게 촬영되었지만 대부분의 푸티지는 그의 팀에 속한 사람들의 휴대폰으로 촬영되었습니다. 우리는 이 촬영본을 'WW(웨이웨이) 영상'으로 불렀습니다.

우리의 마지막 카테고리는 웨이웨이가 직접 찍은 푸티지였습니다. 그는 언제나 휴대폰으로 사진을 찍고, 자신이 만난 사람들과 흥미롭다고 생각하는 사물들에 대해 짧은 영상을 남겼습니다. 이것이 그가 세상을 경험하는 방식이었고, 이 중 선별된 이미지들은 일상적으로 인스타그램에 게시되었습니다. 우리는 웨이웨이의 휴대폰에 들어 있는 촬영본의 사본을 얻었습니다.

협소한 유럽인의 시선을 극복하기

방대한 자료 때문에, 또 난민과 이주에 대한 열띤 토론에 참여하기 위해서는 영화를 빨리 완성하는 것이 중요했기 때문에, 저는 시작할 때부터 훌륭한 편집자들로 팀을 꾸려 도움을 받아야 한다고 생각했습니다.

팀원이 많다는 것이 언제나 좋은 일은 아닙니다. 많은 사람을 일사불란하게 조직해 지도하는 것만으로도 이 일의 핵심, 즉, 영화의 예술적 중심을 찾아내는 매우 주관적이고 사적인 작업에 써야 할 에너지를 많이 빼앗길 수 있기 때문입니다.

저는 네 명의 보조 편집자와 함께 작업을 시작했습니다. 영상들은 각기 다른 나라에서 촬영되었으므로 저는 네 명의 편집자들이 한 번에 한 국가씩 작업하도록 지리적으로 구분해줄 수 있었습니다. 그들은 '유랑 영상'에만 집중해서 일했습니다.

나는 기초적인 한 가지 지시만을 주었습니다. 만약 TV에서 본 듯한 이미지들이 있다면, 절대 사용하지 말라고! 그 후, 저는 수업을 하기 위해 2주간 떠났다 돌아왔는데, 이때 두 가지 사실이 분명해졌습니다.

첫째, 보조 편집자들의 시선에 연민과 동정심이 있었습니다. 그렇습니다. 전통적인 서구의 인도주의적 '피해자 만들기'가 느껴졌습니다. 저는 편집자들에게 자료를 보는 그들의 시선이 완전히 잘못되어 있음을 말해주어야 했습니다.

난민들이 구명선을 타고 그리스의 레스보스에 도착하는 것은 일종의 승리의 순간입니다. 난민들은 자신의 목숨을 걸고 상상도 할 수 없는 용기와 결단으로 이 먼 곳까지 온 영웅들이었습니다. 우는 아이들이나 다른 감상적인 것들은 금지해야 했습니다. 실제로도, 우는 아이의 모습은 우리 자료 안에서 드물었습니다. 가장 끔찍한 환경 속에서도 놀면서 기쁨을 찾아내는, 우리로서는 가늠하기 어려운 능력을 아이들은 가지고 있기 때문입니다.

또 하나 제가 명확하게 깨달은 부분은 우리가 내러티브
적으로 편집을 함에 따라 자료 영상들이 급속도로 평범하고 예
측 가능해지면서, 미디어에서 늘 보던 난민의 이미지와 영상을
닮아가고 있었다는 점이었습니다.

우리는 무언가 다른 것을 해야만 하는데, 대체 무엇을 어
떻게 해야 하는 것일까요? 저는 이 문제에 즉각적인 해결책이 떠
오르지 않았습니다. 다만 보조 편집자들에게는 숏의 길이를 두
배 정도 늘리고, 일련의 이미지들이 연결되어 이야기를 전달한
다고 생각하지 말고 각각의 이미지가 고유한 이야기를 가지고
있다고 상상해보라고 말해주었습니다.

'유랑 영상'에 대한 감을 잡기 위해 보조 편집자들과 몇 달
을 일한 후, 우리는 두 명의 고참 편집자(메노 부레마와 마틴 호프
먼)를 프로젝트에 초대해 작업의 초점을 확장했습니다. 고참 편
집자들은 '유랑 영상'을 인터뷰나 'WW영상', 그리고 웨이웨이
의 휴대폰 영상과 같은 나머지 자료들에 결합하기 위한 작업에
착수했습니다.

푸티지는 여전히 촬영되고 있었으므로(촬영은 마지막 편
집을 끝내기 한 달 전까지도 계속되었습니다) 우리가 전체를 조감하려
노력한다 해도, 편집은 여전히 기초 조사 수준에 머물러 있었습
니다. 이것은 '시행착오'의 기간이었고, 대부분은 착오로 채워져
있었습니다.

우리 셋은 아주 경험이 많은 편집자들이었지만 여전히
보조 편집자들처럼 내러티브와 감상에 치우치는 경향이 있었
고, 영화는 다시 평범하고 당시 흔히 보이던 전형적인 형태로 변
해갔습니다. 우리는 억지로 우리의 전문적 능력을 훼손하고, 우
리가 사는 시대를 무시하려고 노력해야 했습니다. 우리의 시각

은 너무나 유럽적이었고 너무나 협소했기 때문입니다.

"우린 스스로를 연구자처럼 생각해야 해요." 제가 그들에게 말했습니다. "50년 후에 지구를 돌아보면서 지금 우리가 사는 시대를 이론화하고 종합하는 연구자 말이에요."

길을 찾기 위한 길 잃기

세계화는 강력한 반대 세력을 만들어냈고, 세계의 거의 모든 곳에서 민족주의는 영향력을 넓혀가고 있습니다. 민족주의는 민족적 정체성에 기반을 두며, 그 정서적 핵심에는 자국의 시민을 다른 국가의 시민보다 우위에 두는 인식이 있습니다. 이것은 우리가 사는 세계를 수많은 '우리'와 '그들'이라는 작은 집단으로 갈라놓습니다. 민족주의는 제가 웨이웨이와 나눈 대화에서 나온 주요 주제 중 하나였습니다. 만약 세계가 생존하고자 한다면, 국제적인 정체성인 하나의 '우리'를 만들어내야 할 것입니다.

우리는 편집 과정에서 영화에 새로운 관점을 더하고 현재를 넘어 세상에 대한 보편적인 무언가를 말할 수 있는 더 큰 드라마투르기적 곡선을 만드는 일에 애를 먹었습니다. 보이스오버가 이 문제를 해결해줄 수 있을 것 같았습니다. '우리는 모두 이 지구 위에서 함께 해결해야 할 공통의 문제를 안고 살아가는 인간들이다'라는 관점을 가진 보이스오버 말입니다.

대각선으로 날아가는 드론이 투명한 푸른 바다를 건너는 사람들로 채워진 작은 고무보트를 비추는 장면(영화의 오프닝 숏이 된 장면)에 영감을 받아 저는 아래와 같이 썼습니다.

우리는 바다와 같다

언제나 흐른다
우리에게 국경은 없다

웨이웨이는 먼저 자신의 목소리로 읽어본 후(어울리지는 않았습니다) 이 생각을 조금 더 파고드는 것에 동의했습니다. 우리는 결국 한 여성의 목소리를 사용했는데, 이 목소리는 일종의 대지의 목소리로서 영화를 대신해 말하는 존재였습니다.

　　우리는 이제 정보와 더불어 추가적 관점을 제시할 수 있는 도구를 갖게 되었습니다. 이 도구는 영화에 또 하나의 차원을 부여했고, 더 중요하게는 영화와 내러티브를 전개해나갈 방법을 제공해주었습니다. 따라서 우리는 대지의 목소리를 내레이터 삼아 구조를 구축해나갈 수 있었습니다.

　　비록 웨이웨이는 한 번도 보이스오버 사용에 완전히 확신을 가진 적이 없었고, 다른 팀원들도 회의적이었지만, 저는 이 생각을 지지했고 웨이웨이는 제가 계속할 수 있도록 허락해주었습니다.

　　무엇보다도 다른 방법으로는 영화를 보편적인 차원으로 끌어올릴 방법이 도무지 생각나지 않았기 때문에 저는 이 방식을 시도해보고 싶었습니다. 하지만 몇 달이 지난 후, 저는 틀렸음을 인정해야 했습니다. 보이스오버는 감상적이었으며 모든 걸 아는 척하는 도덕주의자 같은 느낌을 주었습니다. 가장 중요한 점은 웨이웨이답지 않다는 것이었습니다.

　　웨이웨이는 차분하게 우회로를 선택했습니다. 그는 우리가 여정에 올라 있으며, 이 여정이 어디에서 끝나게 될지를 모르는 것뿐이라고 말했습니다. 그러니 이따금 길을 잃는 것은 자연스러운 일이라고 말입니다.

그래도 저는 보이스오버를 사용하려고 했던 시도가 영화의 전체 구조에 감을 잡는 데 도움이 되었다고 생각합니다. 또한 자료를 바라보는 하나의 시각을 제공했습니다. 가끔은 길을 잃어야 길을 찾을 수 있습니다.

하지만 잘못된 길에 들어섰음을 인정하는 일은 즐겁지 않습니다. 특히 다른 어떤 대안도 없을 때는. 저는 며칠 동안 모든 희망을 잃은 채 지냈습니다. 고참 편집자들과 함께 웨이웨이의 스튜디오에 가서 새로운 의견을 떠올리기 전까지 이 상태가 지속되었습니다.

갑자기 모든 것이 제자리를 찾는 순간

중국에서 망명한 이후, 웨이웨이는 베를린에 정착해 프렌츠라우어 베르크의 한 오래된 맥주 창고 지하에 스튜디오를 만들었습니다. 그는 큰 방 중 하나를 일종의 '지휘 본부'로 만들어 연구자들이 전 세계에서 일어나는 난민 사태의 현황에 대한 정보를 수집하도록 했습니다. 벽에는 지도와 통계와 뉴스 스크랩들이 가득했습니다. 이것들은 부분적으로는 영화를 위한 사전 조사에 활용되었고, 웨이웨이의 다른 프로젝트와 전시에도 활용되었습니다.

물론 저는 전에도 지휘 본부에 몇 번 방문했고, 질문이 생기거나 특정 문제에 대해 더 알고 싶을 때는 연구자들과 회의를 하기도 했습니다. 보이스오버를 제거하고 나서도, 우리는 현장에서 들어오는 점차 늘어가는 자료를 꾸준히 편집하고 있었습니다. 하지만 여전히 우리를 이끌어줄 전체적인 드라마투르기적 원칙이랄 것이 없는 상태였습니다. 계속 편집기를 돌렸지만,

우리가 어디로 가는지를 몰랐던 것입니다.

고참 편집자들이 지휘 본부에 아직 가보지 않았기 때문에, 우리는 함께 웨이웨이의 스튜디오를 방문하기로 했습니다. 메노와 마틴에게 곳곳을 소개하던 저는 갑자기 어떤 벽보판을 보고 눈을 크게 떴습니다.

판에는 여러 나라의 이름이 붙어 있었고, 국가마다 지난 10년간 국경의 울타리와 벽이 몇 킬로미터나 새로 지어졌는지 적혀 있었습니다. 이 단순한 정보의 조각에는 난민 사태가 세계를 어떻게 바꾸어왔는지에 대한 훌륭한 내러티브가 담겨 있었습니다.

갑자기 모든 것이 제자리를 찾는 순간이면 황홀한 기분이 듭니다. 저는 웨이웨이가 다른 작업을 할 때도 자주 사실들을 활용했다는 점을 떠올렸습니다. 예를 들어, 그는 보강용 강철봉을 이용해 아주 독특하고 고유한 미학적 아름다움을 지닌 큰 조각품을 만든 적이 있습니다. 그런데 조각품 옆의 작은 표지판을 읽어보면, 이 강철봉은 부실 공사로 지어진 건물이 지진으로 무너지면서 수백 명의 어린이가 사망한 중국의 한 학교에서 가져온 것이라는 사실을 알 수 있습니다. 우리가 이것과 동일한 원칙을 영화에 적용할 수 있을까요?

저는 곧장 웨이웨이에게 갔고, 그는 대번에 좋은 반응을 보였습니다. "저는 숫자들이 좋아요." 그가 말했습니다. "우리는 사실들을 시로 활용할 거예요." 새롭고 지속 가능한 콘셉트를 갖게 된 우리는 프로젝트와 연관된 연구자, 전문가와 더욱 가까이에서 일하기 시작했습니다.

처음에는 문자 메시지에서 애니메이션 효과가 들어간 카드까지, 모든 종류의 텍스트와 사실들을 활용했습니다. 영화의 원본 영상과 마찬가지로, 우리의 첫 번째 임무는 서로 다른 자료들을 시각적 성격이나 기능으로 정의하는 것이었습니다.

텍스트 자료를 정의하면서 우리는 이것이 영화의 나머지 부분과 어떻게 조응할 것인지를 이해하게 되었고, 따라서 이것을 최소화하는 정제 작업을 시작할 수 있었습니다.

영화의 텍스트적 레이어는 그저 사실의 나열만은 아니었습니다. 그것은 영화에 어떤 관점과 진리값을 부여해주었을 뿐만 아니라, 우리가 그것을 이용해 내러티브적인 전개를 펼칠 수 있도록 해주었습니다. 텍스트는 정치적이고 철학적인 무게와 더불어 놀라움을 안겨주었습니다.

긴 과정 끝에, 우리는 상징적인 이름을 붙인 아래의 카테고리들을 만들어냈습니다.

산   국가의 이름
국가의 인구수
난민의 수와 그들의 출신지
개념적 기능—우리가 방문하는 모든 국가에 동일한 정보 제공
강   느릿하게 흐르는 뉴스피드
플롯 기능
새   시와 철학적인 텍스트
비서구권 국가의 오래된 텍스트
별   난민 사태에 관한 국제적 관점
비교할 수 있는 수치들

영화의 텍스트적 레이어는 강력한 이미지로부터 정서적 거리를

유지할 수 있게도 해주었습니다. 따라서 우리는 영화가 상영되는 긴 시간 동안 관객이 감정적으로 피로해지는 것을 막을 수 있었습니다.

한 명의 목격자

앞서 웨이웨이가 직접 찍은 푸티지가 원본 자료에 포함되었다는 이야기를 했는데, 이 영상에 대해서도 자료의 성격을 정의하고 영화 속에서 이 영상이 차지하는 비중을 알맞게 균형 잡는 작업이 필요했습니다.

《유랑하는 사람들》을 위한 웨이웨이의 촬영은 즉흥적으로, 그리고 깊은 울분에서 시작되었습니다. 그는 2016년 초에 템펠호프에서 첫 번째 푸티지를 촬영했고, 곧 수만 명의 난민이 구명보트를 타고 도착하던 장소인 그리스의 레스보스로 넘어갔습니다. 이 자료들은 상황을 탐색하고 자료를 수집하기 위한 그의 개인적인 여정이었습니다.

최근 수십 년간, 웨이웨이는 자기 자신을 예술 작품의 일부로 활용해왔습니다. 그가 1,000년이 된 한나라 도자기를 떨어뜨리며 깨트리는 그 유명한 사진이나, 세계 곳곳의 정부 기관 건물 앞에서 손가락 욕을 하는 사진, 혹은 중국 정부에 반대하는 수천 개의 블로그 포스팅, 그리고 수십만 명의 팔로워가 있는 트위터나 인스타그램 같은 소셜미디어를 활용하는 방식 등을 통해 알 수 있습니다.

웨이웨이가 자신을 예술 작품에 등장시키는 것은 자아를 충족시키기 위해서가 아니라, 그의 메시지를 가능한 한 넓은 관객에게 전달하기 위한 의식적인 선택입니다. 예술 작품 뒤에 사람이 존재한다는 사실 덕분에 작품에 공감할 수 있는 관객의 능력은 강화됩니다. 웨이웨이가 중국 정부에 반대하다가 수감되자, 그를 그의 작품에서 떼어내는 일은 불가능해졌습니다.

웨이웨이는 소셜미디어를 활용하면서 상징적인 인물이 되었고, 평소라면 예술에 큰 관심을 두지 않았을 관객과도 연결될 수 있었습니다. 자신을 작품에 집어넣는 전략을 쓸 수는 있습니다. 하지만 그것이 영화에서 제대로 작동하도록 만드는 것은 별개의 문제입니다.

타인의 존재를 서브텍스트로서 읽어낼 수 있는 인간의 능력에 대해서는 앞서 말한 바 있습니다. 이 능력은 영화 속 인물에 대한 공감과 연민을 만들기 위해 핵심적입니다.

제 생각에 웨이웨이의 서브텍스트는 겸손함, 따뜻함 그리고 유머입니다. 그는 사람들을 만나는 순간에 고도로 집중하며 만남을 솔직하게 이끌어냅니다. 상대가 어느 나라의 공주든 다섯 살짜리 난민 어린이든 말입니다.

이 때문에 저는 그가 영화의 일부가 되는 것에 전혀 의구심을 품지 않았습니다. 그는 공감할 수 있는 사람이고, 우리가 영화에서 채택한 광활한 관점 속에서도 관객이 붙들고 있을 수 있는 한 사람이기 때문입니다. 웨이웨이는 자신이 영화에 포함되는 것을 확신하지 못했지만, 저는 그가 영화에 나온다면 영화가 훨씬 강력해지고, 더 많은 관객에게 가닿을 수 있을 것이라며 그를 설득했습니다.

웨이웨이는 자신을 공적인 인물로 간주하는 것에 익숙했기 때문에, 그를 영화 속 캐릭터로 구축하는 일은 복잡하지 않았습니다. 예를 들어, 영화에 직접 등장하는 감독에게는 언제나 또 다른 이름을 붙인다고 하면서 제가 영화 속 웨이웨이를 뭐라고 부르면 좋을지 물었을 때, 그는 자신을 '얼간이'로 부르자고 답했습니다.

웨이웨이에게는 개인적 허영심보다는 메시지가 더욱 중요했습니다. 자신의 상징적인 지위와 맞서기 위해 그는 의식적으로 유머와 예측 불가능성을 동원했습니다. 우리는 영화 속 웨이웨이 캐릭터를 만들기 위해 부분적으로 웨이웨이가 휴대폰으로 촬영한 자료들을 활용했습니다. 이 영상들을 통해 우리는 그가 경험하는 것을 대리 경험합니다.

'유랑 영상'이 대개 삼각대에 세워진 카메라로 촬영된 인상적이고 거대한 숏들이라면, 웨이웨이가 직접 찍은 이미지들은 핸드헬드로 촬영되어 자주 흔들렸고, 엉성한 반(反)미학을 담고 있었습니다. 이 촬영분은 엄격하게 촬영 대상을 따라가지 않았고, 오히려 무작위적이고 매혹되는 듯한 감각으로 인해 더 강력해지는 이미지들이었습니다. 카메라를 바라보는 낙타, 혹은 옷을 씻기 위한 물 양동이의 클로즈업처럼.

이렇듯 휴대폰으로 찍은 이미지는 '유랑 영상'과는 다른 시각적 미학을 담고 있었습니다. 촬영 지속 시간은 짧았고 종종 갑작스럽게 추한 모습을 담곤 했습니다. 바로 그런 이유로 이 영상들은 '유랑 영상'의 느린 호흡과 대비되면서 대위법적인 리듬을 만들어낼 수 있었습니다.

말했듯이, 우리는 다소 도덕주의적인 보이스오버를 시도해보았으며, 그것은 아이 웨이웨이답지 않았습니다. 이제 해결해야 할 문제는 '나는 이런저런 감정이 든다'고 말해주는 아주 많은 서구권 영화들처럼 영화를 개인적이거나 감상적으로 만들지 않으면서도 관객이 동일시할 수 있는 캐릭터를 만들어내는 것이었습니다.

우리는 웨이웨이를 자신이 탐구하고자 길을 떠나게 된 사람으로 설정하고, 그 역사적인 사건들의 목격자로 만들기로 결정했습니다. 이 결정은 드라마투르기적 구성이 아니라 현실에 근거한 것이므로, 웨이웨이의 푸티지는 자연스럽게 나머지 영상들에 녹아들었습니다.

그는 여정에서 난민을 만나고 전문가를 찾아나섭니다. 그는 휴대폰을 들고서 그곳에 있으면서 자신이 보는 것들을 기록합니다. 그는 우리의 목격자입니다.

광활한 풍경을 건너는 이들의 모습

영화에 이토록 광대한 관점을 넣을 때의 가장 큰 어려움 중 하나는 영화가 관객과 촬영 대상 간의 거리를 벌림으로써 모든 영화 경험의 핵심이라고 할 수 있는 영화의 감정적 힘을 잃게 할 수도 있다는 점입니다.

웨이웨이의 다른 작품들을 볼 때, 저는 장엄함과 동시에 아주 단순하고 이해하기 쉬운, 친밀한 느낌을 받았습니다. 우리의 임무는 이것을 영화 언어로 바꾸어 적용하는 것이었습니다.

내러티브는 난민의 이야기를 '전쟁 – 피난 가는 사람들 – 난민 수용소'라는 세 개의 이미지를 통해 전달할 수 있습니다. 우리는 스물세 개의 각기 다른 나라에서 같은 이야기를 수집했고, 이것은 난민 이야기의 국제적인 규모에 대한 인상을 줄 수는 있었지만, 영화적인 맥락에서 보았을 때 관객은 금세 같은 이야기가 반복된다는 느낌을 받게 될 것이었습니다.

유럽에서 촬영한 자료에는 2016년에 일어난 특정한 정치적 행동들에 기반한 일련의 전개 과정이 담겨 있었습니다. 당시 내려진 결정과 그것이 수백만 명의 난민에게 끼친 영향에 관한 자료였습니다.

수만 명의 난민이 유럽에 도착한 뒤, 다시 북쪽으로 이동했습니다. 그러자 유럽은 패닉에 빠져 국경을 걸어 잠그기 시작했고 수천 명의 난민은 닫힌 국경을 따라 만들어진 비인간적이고 체계도 없는 수용소에 갇히게 되었습니다. 반년 뒤, EU는 터키와 협약을 맺어 터키에 큰돈을 주는 대신 난민을 수용하도록 했습니다. 그러나 터키의 상황은 매우 부적절하고 불안정했습니다.

이 부분을 다룬 촬영본은 하나의 행위가 다음 행위로 이어지는 매우 명확한 내러티브를 가지고 있어 순서를 바꿀 여지가 별로 없었습니다. 레스보스에 도착한 난민들이 북쪽으로 향하다가 마케도니아 국경에서 입국을 거절당하고 강제로 터키로 보내졌던 물리적 여정의 진행 순서에 따라 우리는 작업을 계속했지만, 이것은 오직 표면적인 내러티브였습니다.

영화를 정서적이고 미학적인 경험으로 만드는 것이 무엇보다 중요했습니다. 우리는 각 장면을 '정화'하여 각 장면에 고유한 미학과 정서가 있도록, 그리하여 각 장면이 그다음 장면과는 다른 모습을 지니도록 함으로써 이 목표를 성취했습니다.

우리는 바다에서 시작했습니다. 바다는 미스터리를 품고 있고, 위협적인 동시에 아름답다. 여러 가지 뉘앙스를 품은 푸른색이 지배적인 색깔입니다. 레스보스에 도착한 것은 난민들에게 하나의 승리였습니다. 그들은 전쟁과 바다에서 모두 살아남았습니다.

레스보스에는 많은 난민 수용소가 있지만 영화에 넣지는 않았습니다. 같은 방식으로 우리는 난민들이 무엇으로부터 도망쳤는지 혹은 그들이 여정에서 무엇을 견뎌야 했는지에 대한 끔찍한 이야기를 들려주지도 않습니다.

우리의 목표는 난민들에게 힘과 긍지를 부여하고, 영화의 나중을 위해 참혹함을 아껴두는 것이었습니다. 북쪽을 향하는 그들의 여정에서 그들은 인내심과 강인함을 보여줍니다. 인터뷰를 통해 우리는 그들의 희망과 꿈을 알게 됩니다.

광활한 풍경을 건너는 사람들의 군집에 집중합니다. 여기에서는 녹색이 주된 색깔입니다. 여기에는 희망과 성공을 향한 의지가 있습니다. 이 희망은 그리스와 마케도니아 사이의 닫힌 국경에서 거칠게 중단됩니다. 탁 트인 풍경은 사람으로 가득한 수용소 풍경으로 전환됩니다. 어디에나 사람이 있고 혼란스러운 풍경.

비가 내립니다. 우리는 밤과 저녁의 이미지를 봅니다. 이 시점에 우리는 난민들이 끔찍한 과거사를 이야기하는 인터뷰를 사용하기 시작합니다. 난민들의 힘과 희망을 정립한 이후에야, 관객이 그들을 존중하게 된 이후에야, 그들의 고통에 대해 말해주는 것입니다.

난민들이 터키로 보내진 후, 우리는 수백만 명이 서로 포개어져 미래도 없이 살고 있는 난민 수용소를 보여주기 시작합니다. 이 이미지들 안에서 움직임은 멈춰 있습니다. 오로지 정체뿐입니다. 희망은 증발했습니다. 무기력이 이곳을 지배합니다.

유럽 이야기의 전개 곡선은 전체 영화의 중추처럼 기능합니다. 하지만 이따금 우리는 이 궤적을 벗어나 세계의 다른 지역들로 떠납니다. 새로운 지리적 위치에 도착할 때마다 우리는 시각적인 것들을 '정화'합니다.

베이루트의 난민들이 사는 게토 지역에서는 모든 좁은

골목길마다 불법 배선이 가득합니다. 파키스탄에서는 무채색의 풍경 안에서 형형색색의 트럭과 의상이 간간이 튀어나온다. 모든 장소는 고유한 톤을 가지고 있기 때문에 같은 이야기를 반복해서 듣게 된다고 해도, 우리의 색채 팔레트는 확장됩니다.

우리의 지평선은 전 지구적으로 넓어졌을 뿐 아니라 또한 주제적으로도 확장됩니다. 우리는 난민이라는 문제에서부터 전반적인 이주에 대한 문제로 서서히 초점을 옮겨가면서, 빈곤과 기후 변화가 어떻게 수백만 명의 사람들이 집을 떠나 세계를 돌아다니게 만들었는지를 보여줍니다.

영화는 미국과 멕시코의 국경에서 끝을 맺습니다. 이 장면에서 한 여성이 이주는 인간의 권리라고 주장하며, 빈부의 격차가 존재하는 한 우리 인간들은 계속해서 모험을 떠나고 아이들을 위해 더 나은 삶을 찾아다닐 것이라고 말합니다.

이 모든 여정 동안, 한 체격 좋은 중국 남성이 사람들과 대화하고, 휴대폰으로 사진을 찍습니다. 그는 언제나 일이 벌어지는 곳의 주변부에 서 있지만, 이 거대한 이주의 흐름에서 언제나 고정된 역할을 하며, 그곳에 존재함으로써 우리의 인간적 가치에 대해 질문을 던지는 목격자입니다.

영화 《유랑하는 사람들》은 구체적인 사항을 논의하느라 증발해버리는 문제들을 우리가 이해하도록 서서히 이끌어냅니다. 영화는 명백히 어떤 편에 서 있고, 인간들 사이의 차이를 강조하면서 우리를 갈라놓는 이 시대의 어떤 경향에 반대하고 있습니다.

영화의 메시지는 단순합니다. 우리는 모두 이 지구에서 살아가는 사람이고, 이 세상을 원하는 모습으로 만드는 일은 우리에게 달려 있다는 것입니다.

다큐멘터리, 이야기, 그리고 세계

더 큰 그림을 그리기

앞선 챕터에서 저는 개별 작품을 작업했던 경험에 근거해 스토리텔링을 이야기했습니다. 하지만 스토리텔링과 연관된 더 큰 그림도 있지 않을까요?

이야기가 세상을 만드나요?, 혹은 세상이 이야기를 만드나요? 드라마투르기는 종종 그 자체로는 가치를 담고 있지 않은 중립적인 도구나 보편적인 규칙으로 여겨집니다. 하지만 그것이 사실일까요? 아니면 이것도 그저 혼돈 속에서 질서를 만들어 내기 위해 우리가 만들어낸 이야기 중 하나일까요? 우리가 어떻게 이야기를 하는지에 관한 이야기 말입니다. 형식은 내용에 전혀 영향을 미치지 않나요?

조금 더 나이가 든 후, 저는 우리가 이야기를 하는 방식과 우리가 살고 있는 세계 사이에 연관성이 있음을 이해하기 시작했습니다. 영화의 이야기들은 중립적이지 않으며, 어디에나 적용할 수 있는 규칙을 가지고 있지도 않습니다. 오히려 당시의 기술적, 정치적, 사회적 구조들과 뗄 수 없이 연결되어 있습니다. 이야기를 하는 방식은 우리가 살아가는 세계 속에서 우리 자신을 어떻게 바라보는지를 드러내며, 이 세상에서 통용되는 가치를 보여줍니다.

만약 저의 주장이 옳다면, 이야기를 하는 방식은 세상이 어떻게 변화했는지를 보여주는 거울이며, 인간이 세계 속에서 자신의 위치를 어떻게 경험하는지를 반영하고 있습니다. 하지만 세상이 도대체 어떻게 **변화했다**는 말인가요? 그리고 이야기꾼으로서 우리에게는 어떤 과제들이 있나요?

이를 조금 더 가까이에서 들여다보기 위해, 저는 편집실에서 잠시 나와 높이 날고 있는 새의 시선으로 세상을 조감해보려 합니다.

개인이 중심이 되다

지난 40년간, 다큐멘터리 스토리텔링은 픽션에 가까워졌습니다. 영화들은 종종 선형적이고 인물 중심적인 방식으로 만들어지고, 모든 것의 중심에 놓인 개인의 선택과 행동을 통해 앞으로 나아가며, 이를 통해 갈등이 발생하고 해소됩니다.

이런 변화는 단지 영화 산업의 상업적, 기술적, 예술적 경향 때문만이 아니라, 인간이 지구에서의 삶을 꾸려가는 방식에 닥친 큰 물결에 영향을 받은 결과였습니다.

많은 현대 서구인들은 가족, 종교, 계급과 같은 낡은 사회적 구조로부터 자신들을 해방시켰습니다. 하지만 오래된 사회 구조에서는 소속감을 느낄 수 있었고, 우리가 이야기를 하는 방식 또한 이것을 지지하고 강화하면서 의미를 부여해왔습니다.

한편, 오늘날에는 자신의 삶에 의미를 부여하는 이야기를 만드는 일은 개인에게 달려 있습니다. 우리는 스스로를 단독자로 바라보며, 더 이상 신을 믿지 않고, 스스로 주인으로 살아간다고 생각합니다.

그런 변화가 일어난 지난 세기의 세상을 이해하는 모형 중 하나는 심리학인데, 개인들의 이야기를 다루기 때문입니다. 심리학을 통해 우리는 자신의 삶을 이해하고 의미를 부여할 수 있는 이야기를 만듭니다. 우리가 가진 문제는 신의 분노 때문이 아니라 어린 시절의 트라우마 혹은 부적절한 행동 패턴으로 인한 것입니다. 존재가 너무 버거울 때는 삶을 새로운 방식으로 다시 이야기하도록 도와주는 심리상담가를 찾아갑니다. 그러면 트라우마가 사라지지는 않지만, 대신 스토리텔링을 통해 문제를 다르게 분류해보고, 이를 통해 트라우마나 문제와 함께 살아가는 것에 능숙해집니다.

삶을 이해하기 위한 심리학적 틀은 여성 잡지에서부터 기업의 정신적 지도자에 이르는 다양한 형태로 현대 사회 구석구석에 퍼졌습니다. 이것은 우리가 가진 문제에 대해 기계적인 이유를 생산해내는 심리학의 일반화로 이어졌습니다. 효과적인 모형이기는 하지만, 최악의 경우 너무 단순해서 자신에 대한 깊은 이해로 들어가지 못하고 편견을 강화하거나 사람들을 건강하지 않은 패턴에 가두는 결과를 낳기도 합니다. 심리학은 언제나 스토리텔링의 일부였으며, 실제 사회를 심리학화( )하는 경향이 늘어난 것이 영화에도 영향을 미쳤다.

기계적인 심리학은 선형적인 드라마투르기와 결합하면서 인간으로 산다는 것에 대해 더욱더 표준화된 인식들을 만들어냈습니다. 특히 악함과 그 원인을 해석할 때, 기계적인 심리학을 사용한 영화의 스토리텔링은 과도하게 단순화되어 어떠한 통찰이나 깨달음을 주지 못하고 편견과 스테레오타입만을 만들게 됩니다. 이것은 관객의 영화적 경험에 일정 부분 안정감을 주기도 합니다. 그들이 갖고 있던 단순한 세계관을 승인하기 때문입니다.

보여주기의 시대

디지털 혁명은 새로운 현실을 낳았습니다. 현대 인간들은 물리적으로 만지거나 접할 수 있는 구체적 물체 없이 삶의 많은 시간을 보내게 되었습니다. 우리는 컴퓨터 앞에 앉아 실제 세계의 시뮬레이션과 관계를 맺습니다. 여전히 눈과 귀를 사용하는 한편, 세계를 이해하는 데에 역시 중요한 요소들인 후각과 촉각은 더 이상 고려되지 않습니다. 여기에 더해, 디지털 세계에서는 우리가 지리적으로 위치와 방향을 파악할 때 사용하는 물리적 공간에 대한 감각이 부재합니다.

하지만 인터넷은 우리에게 새로운 가능성 또한 열어주었습니다. 우리는 국제적인 규모로 소통하고 정보를 수집하며, 이전에 세계를 이해하는 수준을 제한했던 물리적 거리는 제거되었습니다. 우리는 더 많은 시간을 컴퓨터 앞에서 혼자 보냅니다. 서로와 소통하고 있지만, 어떤 면에서 대화를 나눌 때의 서브텍스트적인 차원은 완전히 사라져버렸습니다. 우리는 표정과 몸짓을 대신해 이모티콘을 사용합니다. 이것은 대면 대화가 줄 수 있는 다방면의 섬세한 소통을 대체하기에는 부족합니다.

우리는 인터넷을 끊임없이 사용함에도, 이것이 '실재가 아닌 현실(unreal reality)'이라는 것을 알고 있습니다. 소셜미디어를 통해 우리가 나온 사진들을 올림으로써 일종의 시각적인 이야기들을 만들어나갑니다. 이제 이 사진을 보는 사람은 그저 친구나 가족이 아니라 전 세계입니다.

이런 이미지들은 사적인 사진이 과거에 사용되었던 목적, 즉, 가족사의 기록 등의 목적과는 다른 목적을 가집니다. 오늘날 사진은 자기 홍보이며, 바깥 세상에 보여주기 위한 것입니다. 프랑스 철학자 데카르트는 이렇게 말했습니다. "나는 생각한다. 고로 나는 존재한다." 현대인들에게는 이런 말이 더욱 적절해 보입니다. "나는 보인다. 고로 나는 존재한다."

예전에는 주로 특별한 기술이나 지식을 가진 사람들이

공적 무대를 차지했다면, 오늘날 그런 공간은 모두에게 열려 있습니다. TV를 보면 '일반인'들이 리얼리티쇼나 장기자랑 프로그램을 채우고 있습니다. '모두가 스타'인 셈입니다. 보인다는 사실 자체가 유명해진 이유를 아는 것보다 훨씬 중요합니다. 유명함은 이유를 몰라도 그 자체로 충분합니다.

우리는 인터넷의 현실이 실재하는 현실이 아니라는 것을 압니다. 우리가 온라인에 포스팅하는 사진이 우리의 실제 모습이 아니라는 것을 압니다. 그것들은 우리가 수행하고 있는 역할을 보여주는 것입니다. 또한 온라인에서(채팅방에서 혹은 온라인 데이트 사이트에서) 만나는 사람 중에는 그들이 스스로 내세우는 모습과 매우 다른 경우가 있다는 것을 우리는 압니다.

우리는 삶의 일부로서 거짓말을 받아들였고, '실재가 아닌 현실'의 일부로 픽션을 받아들였습니다.

보여주기의 시대에 산다는 것은 다큐멘터리 영화에 큰 영향을 미쳤습니다. 사람들은 이미 자신에 대한 시각적 내러티브를 만들고 있기 때문에, 카메라가 켜지는 순간 즉각적으로 그 내러티브를 살아내기 시작합니다. 그들은 끊임없이 스스로를 의식하면서 서브텍스트나 진정성이 결여된 상태로, 보여주기 위한 행동의 클리셰를 낳습니다. 그저 자신의 삶에 대한 피상적인 내러티브를 전개하는 실력 없는 배우들이 되는 것입니다.

점점 더 많은 다큐멘터리 영화에서 카메라 앞에 선 사람들이 감독으로부터 영화에 대한 주도권을 빼앗아 자신만의 영화를 만드는 경우를 보게 됩니다. 가장 뚜렷한 예시로는 훈련받은 연기자, 배우, 정치인, 뮤지션 들이 카리스마를 이용해 자신이 원하는 영화를 만들도록 감독을 유혹하는 경우다. 그들이 주도권을 쥐고 있고 진정성은 부재하기 때문에, 결과물은 정서적으로 밋밋한 경험을 줄 뿐입니다.

물론 최소한 표면적으로라도 영화에 감정적인 증언들이 담길 수는 있습니다. "제 아버지는 알코올 의존자였어요. 그래서 저는 섬세한 사람이 되었고, 록 뮤지션이 될 수 있었어요." 하지만 이 말이 다른 인터뷰에서 여러 번 반복되었으며 아티스트가 스스로를 신비화하기 위해 발언한 것이라면, 이 말은 우리의 공감을 불러일으킬 결정적인 서브텍스트가 없는 단순한 텍스트일 뿐입니다.

따라서 보여주기의 시대는 다큐멘터리 창작자들에게 카메라 앞에 선 사람들에 관련된 새로운 도전을 불러왔습니다. 촬영을 시작하기 전에 다음의 두 가지 핵심 질문을 하는 것이 매우 중요합니다. 카메라 앞에 선 사람들은 왜 이 과정에 참여하는 것에 동의했나요? 그들이 전하고 싶은 이야기는 무엇인가요?

그런 다음 질문에 대한 대답을 우리의 의도와 비교해보아야 합니다. 만약 우리가 완전히 같은 의견이라면, 이 인물들이 영화를 가로챌 위험이 있습니다. 인물을 그들 자신의 내러티브에서 끄집어내는 것, 그렇지 않다면 최소한 그들이 내러티브에 의구심을 품게 만드는 것이 아주 중요합니다. 이것이 '진정한 현재'를 만드는 방법입니다.

출연자의 보여주기식 내러티브와 감독의 의도 간 차이를 보여주는 극단적인 예시는 《액트 오브 킬링》입니다. 여기에서 인도네시아의 대량 살인범들은 자신의 범죄를 자랑하고, 영화는 점점 더 그들이 자신들의 과오를 재연하며 스스로를 추켜세우는 것을 따라갑니다.

그들의 내러티브를 포착하기만 하는 것은 절대 영화의 의도가 아니었습니다. 오히려 '그들의 연기에 금이 갈 수 있는'

상황으로 인물들을 서서히 이끄는 것이 필요했습니다. 연기가 무너지는 진정성 있는 순간, 그리고 주인공이 자신의 이야기에 주도권을 잃고 그것의 진실성을 의심하게 되는 순간을 담고자 했던 것입니다.

《액트 오브 킬링》은 물론 극단적인 예시이지만, 보여주기의 시대는 다큐멘터리 영화 만들기의 근간을 너무나 크게 변화시켰기 때문에, 이젠 창작자들이 이 지점을 의식하고 방법론과 전략들을 조정해야 한다고 생각합니다.

진정성을 향한 기다림

다큐멘터리 영화의 힘은 언제나 관객이 '진실함'을 경험하는 데에, 그리고 스크린에서 벌어지는 일이 현실로부터 온 것임을 감각하는 데에서 발생합니다.

그렇다면 중요한 질문은 다큐멘터리 영화에 있어서 디지털 시대가 의미하는 것이 무엇이냐는 것입니다. 세계를 점점 더 일종의 구성물(construct)로 경험하는 시대에 다큐멘터리 영화는 어떤 정당성을 갖는 것일까요?

무엇이 진실이고 가짜인지, 옳고 그른지 알지 못하는 세상에서 살아가는 일은 혼란스럽습니다. 이 거울 같은 세상은 현대인들에게 진정성을 향한 갈망을 심어주었습니다. 인터넷은 재미있고 귀여울 뿐 아니라 놀라움으로 가득한 동물과 아기 영상으로 채워져 있습니다. 여기에는 꾸밈이나 의도가 없습니다. 이 영상들은 진실한 느낌을 주고, 대체로는 클리셰로 가득하지만 그 진정성은 의심받지 않습니다.

우리는 진정한 순간들, '진정한 현재'를 원합니다. 이것이 바로 현장 '이벤트'가 인기를 얻는 이유입니다. 그 내용 때문만이 아니라 딱 한 번만 일어나기 때문에 가치를 갖는 유일한 이벤트 말입니다. "난 그때 거기에 있었어."라는 사실이 우리에게 중요한 느낌을 줍니다. 그 이벤트는 진짜 일어났고, 그러므로 진실하기 때문에.

　이런 진정성을 향한 갈망과 연관하여 다큐멘터리 영화가 해야 할 역할은 여전히 있습니다. 저는 현실에 이런 진정성 있는 순간들이 가득하다고 믿으며, 창작자들이 열린 마음과 호기심을 갖는다면 그것들을 포착할 수 있다고 생각합니다.

　심리학에서 진정성은 패턴을 변화시키거나 그것을 중단하는 것으로 정의됩니다. 이 정의를 영화 세계에 적용한다면, 진정성은 카메라 앞에 있는 사람과 뒤에 있는 사람 모두가 상황에 대한 통제를 잃어버리는 순간 발생할 것입니다. 어쩌면 미래에는 좋은 이야기를 만들고 통제하려는 생각은 줄이고, 통제를 내려놓는 대신 현실에 대한 우리의 인식을 믿어야 할지도 모르겠습니다. 우리가 직접 마주하는 현실을 더 믿고, 온갖 인위적인 개념으로 가득한 현실에 대한 해석은 뒤쪽 한구석에 남겨두어야 할지도 모르겠다는 말입니다.

　혹은 이렇게 말할 수도 있을 것입니다. "현실로의 귀환." 어쩌면 우리는 진실이 현실 안에 있다는, 그리고 과도한 개념화로 인해 그 진실이 파괴될 수 있다고 믿었던 관찰 영화의 신념으로 돌아가야 할지도 모르겠습니다.

　나는 지금 제가 40년 전에 작업했던 그 언어로 되돌아가는 여정에 올랐습니다. 영화 《모가디슈 솔저》의 대전제는 촬영 과정에서 우리의 통제를 없애는 것이었습니다. 카메라는 전쟁에 참여하고 있는 두 병사에게 넘어갔고, 그들이 원하는 것을 촬영하도록 했기 때문입니다. 《유랑하는 사람들》에서는 내러티브보다는 개념적인 원칙과 주제 중심의 구조에서 파생한 영화적 경험을 만들기 위해 작업했습니다.

누군가는 제가 크게 빙 돌아왔다고 말할 수도 있을 것입니다. 제가 처음 이 길에 올랐던 장소, 바로 원점에 돌아왔다고. 하지만 다른 모든 여정과 마찬가지로, 여정 그 자체가 우리를 변화시킨다. 따라서 집에 돌아왔을 때, 비록 시작한 지점으로 다시 돌아온 것이지만, 우리는 새로운 시각과 새로운 이해를 얻은 것입니다.

좋은 이야기는 교훈만을 담고 있지 않습니다. 거기에는 질문들이 있습니다. 관객들이 영화 속에서 자신과 닮은 모습을 찾고, 이와 함께 자신의 삶에 대해서 생각해보게 하는, 관객의 마음속에서 영화적 경험을 확장해 나가는 질문들이 있습니다.

사람들은 자신의 삶에 어떤 명확한 의미가 있기를 바라지만, 만약 이야기들이 모든 혼란스러움과 의구심을 씻어내준다면 우리는 멍청하고 편협해질 것입니다. 그러니 저의 교훈은 이것입니다. 당신의 혼돈에 질서를 부여하세요. 하지만 그 질서가 진실된 것이라면, 거기에는 반드시 혼돈이 포함되어 있을 것입니다.

나가며 - 세상 속에서 살아간다는 것

이 책을 쓰는 일은 제게 개별 영화의 물리적인 창조 과정을 넘어서서 편집자로서 저의 작업을 더 큰 시각에서 바라볼 기회를 마련해주었습니다. 경험들을 말로 표현하려고 끙끙대면서 새로운 연관성을 발견했고, 이 연관성을 엮어 하나의 관점으로 바라보고자 노력했습니다.

나는 많은 것을 배웠습니다. 어떤 영원한 진실을 발견했다는 뜻은 아니고, 오히려 반대로 불확실한 것들이 아마도 더 많아졌을 것입니다. 처음 이 여정을 시작할 때는 순수하게 영화에 대한 것만 생각했지만, 촬영본 속으로 더 깊이 들어갈수록 저는 이 일이 세상 속에서 한 명의 사람으로 살아가는 것과 관련이 있음을 깨닫게 되었습니다. 세상과 나 자신 모두를 더 잘 이해하기 위해서 세상 속에서 살아간다는 것, 그리고 세상과 대화한다는 것이 중요했습니다.

젊은 시절 이 일을 막 시작했을 때 저는 단지 영화라는 이유로 무비판적으로 영화를 사랑했습니다. 오늘날의 저는 영화 자체에는 관심을 덜 갖게 되었습니다. 인생, 그리고 사람들이 스스로의 인생에 대한 주도권을 잡으려고 노력하는 것, 그것이 제가 관심을 가지는 주제다. 영화는 제가 삶과 세상을 통해 발견의 여정을 지속하게 해주는 매체일 뿐입니다.

선과 악의 가능성을 지닌, 온전한 사람들

제가 영화를 인생과 연관 짓게 되는 데까지는 꽤 시간이 걸렸지만, 오늘날 나에게 이 둘은 거의 하나로 합쳐져 있습니다. 제게 이 일은 이토록 혼란스럽고 경이로운 세상 속에 존재하는 일, 도덕적 입장을 갖고 세상을 더 나은 곳으로 만들려고 노력하는 일입니다. 이런 생각은 환상에 불과할지도 모르지만, 이것을 믿지 않는다면 오직 회의적 태도만이 남을 것입니다.

세상의 문제를 이렇게나 많이 담고 있는 영화들을 편집하는 일이 제게 어떤 영향을 주었느냐는 질문을 가끔 받습니다. 사실입니다. 저는 정말 끔찍한 일들에 대한 영화를 정말 많이도 편집했습니다. 많은 종군 사진기자들처럼, 저도 세상의 참혹함을 너무 많은 겪은 나머지 감정적으로 냉정한 사람이 될 위험이 언제나 있었지만, 저는 그렇게 생각하지는 않았습니다.

커리어 초반에 극영화 편집을 할 때, 그 영화들은 재미있었지만 많은 면에서 잊어버리기 쉬운 것들이었습니다. 그때 제 개인적인 삶은 불안과 외로움으로 가득 차 있었습니다. 하지만 오늘날 저는 제게 빛과 사랑을 듬뿍 퍼부어주는 가족, 친구들과 함께 풍요로운 삶을 살고 있습니다.

여기에 더해, 우리가 다룬 무거운 주제들에도 불구하고 저는 함께 일하는 감독과 생산력 있고 즐거운 관계를 유지합니다. 이 관계는 도덕적 입장을 지켜내고, 또 서로의 참여를 통해 계속해서 유지됩니다.

세계화나 민족주의 같은 강력한 세력들에 의해 점점 쪼개지는 세상 속에서, 공포로 인해 '우리'와 '그들'로 갈라지는 세계 속에서, 인간은 스스로를 '하나의 우리'의 일원이라고 생각해야 합니다.

스스로를 어떻게 바라보는지, 우리에 대해 어떤 이야기를 할 것인지를 생각해야 한다는 말입니다. 다시 말해, 우리가 인간의 본성을 어떻게 바라보는지를 생각해야 합니다. 우리는 호기심을 가지고 편견 없이 서로의 차이점을 탐구해야 합니다. 우리가 모두 같다고 생각한다면 앞으로 실망할 일만 남습니다.

하지만 그럼에도 우리는 인간 존재로서 모두 동등하다는 사실을 존중해야 합니다.

적들을 비인간화하거나 우리가 동의하는 사람들만을 미화하는 것이 아니라, 스스로를 선과 악에 대한 가능성을 모두 가진 온전한 사람으로 바라보는 것이 필요합니다. 우리가 하는 이야기들에 대해, 또 이 이야기를 작동시키기 위해 사용하는 구조들에 대해 끊임없이 비판적인 시선을 견지해야 합니다.

그러나 무엇보다 저는 인류를 믿습니다. 하나의 이상적인 존재로서가 아니라, 저 역시 인류의 일원으로서, 결핍과 실수로 가득한, 하지만 또한 긍정적인 면을 가진, 무엇보다도 언제나 성공하지는 못할지라도 옳은 일을 하려는 욕망을 가진 존재로서 말입니다.

타인이 우리에게 귀 기울일 때

영화를 만드는 건 매우 사적인 일입니다. 창작을 통해 주제와 스타일 속으로 파고들면서, 시작할 때는 몰랐던 깨달음에 도달하는 과정입니다.

제가 더 어렸을 때는 편집이 제가 터득하고 연습해야 할 기술이라고 생각했습니다. 반면 오늘날 저는 어떤 결실을 맺어야 할지 알 수 없는, 가급적이면 제가 이전에 해본 적 없는 프로젝트를 선택해 작업합니다. 저는 스스로를 반복하고 싶지 않습니다. 저는 계속해서 배우고 싶습니다.

물론 이전의 경험들을 떠올리기는 합니다. 하지만 계속해서 저의 지평을 넓히려고 노력하고, 제가 보는 것 속으로 더 깊이 들어가보고자 하며, 질문을 던집니다. 가끔은 새로운 도전을 원했던 저를 저주하면서 의구심에 빠지거나 불면의 밤을 보내기도 하지만, 도전은 저를 살아 있게 합니다. 창작자로서도, 인간으로서도. 저는 의심과 혼돈이 창작 행위에서 뗄 수 없는 부분임을 점점 이해하게 되었습니다.

비록 창작은 개인적인 프로젝트이지만, 결과물을 받아보는 사람이 없다면 우리는 창작이라는 것을 아예 하지 않을 것입니다. 이것이야말로 자신을 표현하고자 하는 마음의 온전한 핵심입니다. 우리는 타인이 우리 마음속에 있는 것을 경험하기를 바랍니다. 우리는 그것을 타인에게 비추어보고 싶어 합니다.

이것을 상업 영화계에서 관객을 바라보는 방식과 혼동하지 않는 것이 중요합니다. 상업 영화들은 관객들이 어떤 경험을 위해 돈을 지불하기를 바랍니다. 창의적인 예술가에게 이 일은 조금 더 존재론적인 문제입니다. 우리 인간들은 타인이 우리에게 귀 기울여 줄 때 비로소 인간이 되기 때문입니다.

영화 같은 형태의 일방향의 소통일지라도, 이것은 대화입니다. 영화는 관객들이 자신들의 삶과 경험을 공명판으로 삼아 공동의 이야기꾼이 되는 그 순간에 비로소 완성됩니다. 창작자에게 중요한 자세는 관객을 지적이며 섬세한 이들로 보고 존중하는 것입니다. 그들은 우리보다 멍청하지 않습니다. 오히려 그들은 우리가 상상할 수 있는 그 무엇보다 더 풍요로운 경험을 가진 존재일 수 있습니다.

다시, 혼돈 속의 질서로

인간은 혼돈에 질서를 부여하고자 이야기를 해왔으며, 계속해서 그럴 것입니다. 새로운 매체와 유통의 형식이 나타나면 이야기를 하는 방식은 변화할 것입니다. 세상은 바뀔 것이고 우리가 삶을 꾸려나가는 방식과 스스로를 경험하는 방식도 따라서 바뀔 것입니다. 하지만 저는 이 모든 것에서 의미를 만들어내고자 하는 인간의 근원적인 욕구는 언제나 그대로일 것이라고 믿습니다.

　　이 책을 통해 저는 지난 40년간 영화 속에서 살아온 제 삶에 대한 전체적인 조감도를 얻고, 하나의 질서를 부여하려고 시도했습니다. 다른 모든 이야기꾼처럼, 어떤 것들은 빠뜨리고 어떤 것들은 강조하기도 했습니다. 우연한 사건에 큰 의미를 두기도 하고, 질서와 논리를 만드는 데 의미 있는 요소를 생략하기도 했습니다.

　　처음 집필을 시작할 때 일관성 있는 작업이 되리라고 생각했는데, 이 책을 찬찬히 읽어보니 그렇지는 않은 것 같습니다. 그럼에도 저는 창작자들이 영화를 만들 때 제가 거울이 될 수 있기를 바라고, 독자들 또한 저의 개인적 경험에 나 있는 구멍들을 채워갈 수 있기를 기대합니다. 영화를 만드는 일이라는 환상적인 여정에서 다소의 통찰을 얻는 독자들도 있기를 바랍니다.

　　　— 　닐스 파그 안데르센
　　　　2019년 7월 10일, 코펜하겐에서

감사의 말

이 책은 노르웨이예술연구프로그램(Norwegian Art Research Program)과 노르웨이영화학교(The Norwegian Film School)의 재정적 지원을 받아 만들어졌습니다. 그런 면에서 게이르 이바르 스트룀과 프레드리크 그라베르, 또 노르웨이영화학교의 모든 동료에게 큰 감사를 전하고 싶습니다.

처음 제게 이 책을 써보라고 권했으며, 이 프로젝트 도중 스스로에 대한 의구심에 사로잡혀 있던 제게 값진 대화 상대가 되어준 노르웨이영화학교의 전 총장 토마스 스텐데루프에게도 특별한 감사를 전합니다. 그의 애정을 담은 지지가 없었다면 이 책은 완성될 수 없었을 것입니다.

책을 쓰는 동안 저의 독자가 되어준 투에 스틴 뮐러, 피터 엘사스, 야코브 키르스테인 회겔, 잉에-리세 랑펠트, 시셀 한센, 그리고 카롤리나 리딘에게도 큰 감사를 전합니다. 이들이 각각 뛰어난 전문성과 멋진 개성을 담아 피드백을 주었기에, 저의 편집 지식을 글로 더 정확하게 소통할 수 있었습니다.

제가 쓰기의 언어를 발휘할 수 있도록 도와준 카롤리나와 투에에게는 특별히 한 번 더 감사를 표합니다. 내게는 새로운 과정이었던 집필 내내, 저의 불안정함을 포용하며 살아준 사나, 라우라, 그리고 엘리아스 살멘칼리오에게는 혼돈과 사랑을 선사해주어 감사하다는 말을 전합니다.

원하는 방식으로 이 책을 출판하기란 쉬운 일이 아니었습니다. 결국 저는 러프컷서비스(Rough Cut Service, RCS)와 노르웨이영화학교의 도움을 받아 직접 출판하기로 마음먹었습니다. 이카 베흐칼라흐티를 비롯해 RCS의 뛰어난 동료들이 나서준 것에 대해 감사합니다.

이 책을 만들기 위해 저는 노르웨이영화학교, 덴마크

영화연구소(The Danish Film Institute), 프리트 오르(Fritt Ord), CEFIMA(Center for Excellence in Film and Interactive Media Arts), AVEK(The Promotion Centre for Audiovisual Culture Finland), 그리고 핀란드영화재단(The Finnish Film Foundation)의 지원을 받았습니다.

출판 과정에서 다음의 수많은 사람은 각기 다른 방식으로 나에게 조언과 도움을 주었습니다.

맨디 마라히민, 아멜리아 하프사리, 루이스 곤살레스 사파로니, 이제트 모스테르트, 돈 에드킨스, 미카엘 옵스트루프, 레깃세 오펜하임, 시그베 엔드레센, 토르셀 이에르브, 다이앤 위예르만, 로라 킴, 린 허쉬필드, 그리고 낸시 쿠싱-존스. 나의 세련되지 못한 덴마크어를 영어로 바꾸어준 케니 샌더스에게도 감사합니다.

표현력이 뛰어난 사진을 담당해준 올레 크리스티안센, 멋진 디자인과 여러 조언을 준 트로엘스 파베르, 또 영화 클립들의 사용을 허락해준 모든 프로듀서에게도 감사합니다.

이 책이 처음 세상을 만나는 자리를 마련해준 암스테르담국제다큐멘터리영화제(IDFA)의 오르와 나이라비아, 이사벌 아라터 페르난더즈, 메이커 스타테마와 전체 스태프에게 감사를 전합니다.

내게 힘과 새로운 시각을 준 라마 티아우, 처음부터 끝까지 제 편이 되어준 토마스 스텐데루프, 저의 미친 프로젝트에 참여해 새로운 일에 도전하는 파트너가 되어준 세실리에 볼빈켈에게도 특별한 감사를 전합니다. 이들이 없었다면 해내지 못했을 것입니다.

마지막으로 이 시간까지 저와 함께 일해왔던 감독 모두

에게 감사를 전하고 싶습니다. 그들이 제게 보여준 믿음, 그리고 저와 함께 춘 춤에 감사합니다. 제가 작업한 영화의 일원이었던 모든 이와 그 여정 속에서 만났던 사람들에게도 감사를 전합니다. 영화 수업을 듣는 학생들과 더불어, 영화 학교와 전 세계의 워크숍을 통해 만난 창작자들에게도 깊은 감사를 전합니다. 당신들 모두로부터 저는 무척 많은 것을 배웠습니다.

주요 작품

《패스파인더 Pathfinder》(1987)
감독 닐스 게우프(Nils Gaup)
—   아카데미상 후보.

《죽음 – 삶의 한 부분 Dying – a Part of Living》(1989)
감독 돌라 본필스(Dola Bonfils)
—   로버트상 수상.

《행운의 난파선 Shipwrecked》(1990)
감독 닐스 게우프
—   영아티스트상 최우수가족영화상 후보.

《배신 Betrayal》(1995)
감독 프레드리크 본 크루센셰르나(Fredrik von Krusenstjerna)
—   노르디스크파노라마영화제 최우수다큐멘터리상 수상.

《내면의 전쟁 The War Within》(1996)
감독 존 푸에기(John Fuegi) / 조 프랜시스(Jo Frances)
—   국제다큐멘터리협회(IDA) 최우수다큐멘터리상 수상.

《평화로의 문 Portal to Peace》(1997)
감독 토마스 스텐데루프(Thomas Stenderup)
—   크라쿠프영화제에서 그랑프리 수상.

《알리거마의 모험 The Adventures of Aligermaa》(1998)
감독 안드라 라스마니스(Andra Lasmanis)

— 황금딱정벌레상 수상.

《게토 프린세스 Ghetto Princess》(2000)
감독 카트리네 아스무센(Cathrine Asmussen)
— 오덴세국제영화제 그랑프리 수상.

《코펜하겐의 전염병 The Epidemic》(2001)
감독 닐스 프란센(Niels Frandsen)
— 오덴세국제영화제 그랑프리 수상.
《웰컴 투 덴마크 Welcome to Denmark》(2003)
감독 엘렌 E. 모(Erlend E. Mo)
— 오덴세국제영화제 최우수다큐멘터리상 수상.

《우울한 방 세 개 The 3 Rooms of Melancholia》(2004)
감독 피리오 홍카살로(Pirjo Honkasalo)
— 베니스국제영화제 EIUC상 특별언급,
인권영화네트워크상,
리나만지아카프레상 수상,
암스테르담국제다큐멘터리영화제 앰네스티상,
코펜하겐국제다큐멘터리영화제(CPH:DOX) 수상,
프리이탈리아 TV다큐멘터리 시사부문 후보.

《베일에 가려진 매춘 Prostitution Behind the Veil》(2004)
감독 나히드 페르손(Nahid Persson)
— 크라쿠프영화제 그랑프리 수상,
원월드국제프리미어상 및 에미상 후보.

황금딱정벌레상 수상.

《독일인의 비밀 The German Secret》(2004)
감독   라르스 요한손(Lars Johansson)
—   노르디스크파노라마영화제 최우수다큐멘터리상,
       오덴세국제영화제 그랑프리 수상.

《비행 – 자유 여인의 고백 Flying – Confessions of a Free Woman》(2006)
감독   제니퍼 폭스(Jennifer Fox)
—   시네마아이상(Cinema Eye Honors) 후보.

《영원한 순간 Everlasting Moments》(2008)
감독   얀 트로엘(Jan Troell)
—   황금딱정벌레상 5개 부문 수상 및 골든글로브 후보.

《루퍼트와 에버트 Last Cowboy Standing》(2009)
감독   자이다 베리로트(Zaida Bergroth)
—   부산국제영화제 플래시포워드상 수상.
《아이와 광대 The Kid and the Clown》(2011)
감독   이다 그뢴(Ida Grøn)
—   크라쿠프영화제 은뿔상 수상,
       알자지라국제다큐멘터리영화제 어린이가족상 수상.

《액트 오브 킬링 The Act of Killing》(2012)
감독   조슈아 오펜하이머(Joshua Oppenheimer)

— 유럽영화상(European Film Awards, EFA)과 영국아카데
미영화상(British Academy Film and Television Arts Awards,
BAFTA)을 비롯한 전 세계에서 54개의 상 수상,
아카데미상 후보.

《올로프 팔메 Palme》(2012)

감독 크리스티나 린드스트룀(Kristina Lindström)
& 마우드 뉘칸데르(Maud Nycander)

— 황금딱정벌레상 최우수편집상 수상.

《콘크러트 나이트 Concrete Night》(2013)

감독 피리오 홍카살로

— 핀란드 유시상 최우수편집상을 비롯한 6개 부문 수상.

《침묵의 시선 The Look of Silence》(2014)

감독 조슈아 오펜하이머
베니스국제영화제 그랑프리를 비롯한 전 세계 48개의
상 수상,
아카데미상 후보.

《모가디슈 솔저 Mogadishu Soldier》(2016)

감독 토르스타인 그루데(Torstein Grude)

— 코펜하겐국제다큐멘터리영화제(CPH:DOX) 후보.

《유랑하는 사람들 Human Flow》(2017)

감독 아이 웨이웨이(Ai Weiwei)

—   베니스국제영화제에서 6개 상 수상.

《살아 있는 자 Vivos》(2019)

감독   아이 웨이웨이

—   2020년 선댄스영화제에서 최초 공개.

《송즈 오브 리프레션 Songs of Repression》(2020)

감독   마리아네 호우겐 – 모라가(Marianne Hougen Moraga)

&에스테판 와그너(Estephan Wagner)

—   CPH:DOX영화제 DOX:AWARD 수상.

수록 영화 정보

《죽음 – 삶의 한 부분》
덴마크, 1989
하네 회이베르 필름프로덕션(Hanne Høyberg
Filmproduktion)
감독. 돌라 본필스(Dola Bonfils)
프로듀서. 하네 회이베르(Hanne Høyberg)
촬영. 비에른 블릭스트(Björn Blixt),
클라우스 보스고르(Claus Baadsgaard)
편집. 닐스 파그 안데르센(Niels Pagh Andersen)
음향. 모르텐 데근볼(Morten Degnbol),
헨리크 구게 가르노우(Henrik Gugge Garnov)

《독일인의 비밀》
덴마크, 2004
파이널컷 프로덕션(Final Cut Productions)
감독. 라르스 요한손(Lars Johansson)
프로듀서. 미카엘 오프스트루프(Mikael Opstrup),
토마스 스텐데루프(Thomas Stenderup)
촬영. 헨리크 입센(Henrik Ipsen),
라르스 바이어(Lars Beyer),
라르스 요한손
편집. 닐스 파그 안데르센
음향. 크리스티안 에이드네스 안데르센(Kristian Eidnes
Andersen)
음악. 망누스 달베리(Magnus Dahlberg)
공동제작. 멀티미디어필름(Multi Media Film) + 페른제

프로덕션(Fernseh Produktion)(독일),

베스트만 & 스텐데루프(Westman & Stenderup)(스웨덴)

《비행 – 자유 여인의 고백》

덴마크, 2006, 이지필름(Easy Film) &

조헤필름(Zohe Film)

감독. 제니퍼 폭스(Jennifer Fox)

프로듀서. 클라우스 라데고르(Claus Ladegaard),

제니퍼 폭스

촬영. 제니퍼 폭스 외

편집. 닐스 파그 안데르센

음향. 제니퍼 폭스

음향 믹스. 피터 슐츠(Peter Shultz)

음악. 얀 틸만 샤데(Jan Tillman Schade)

《우울한 방 세 개》

핀란드, 2004, 밀레니엄필름(Millenium Film)

감독. 피리오 홍카살로(Pirjo Honkasalo)

프로듀서. 크리스티나 페르빌래(Kristiina Pervilä),

피리오 홍카살로

촬영. 피리오 홍카살로

편집. 닐스 파그 안데르센,

피리오 홍카살로

음향. 마르티 투루넨(Martti Turunen),

마르트 오차(Mart Otsa)

음악. 사나 살멘칼리오(Sanna Salmenkallio)

공동제작. 리스베트 가브리엘손 필름(Lisbet Gabrielsson
Film)(스웨덴),
매직아워 필름(Magic Hour Films)(덴마크),
마.야.데 프로덕션(MA.JA.DE Productions)(독일)

《액트 오브 킬링》
덴마크, 2012, 파이널컷포리얼(Final Cut for Real)
감독. 조슈아 오펜하이머(Joshua Oppenheimer)
공동연출. 익명의 스태프들(Anonymous),
크리스틴 신(Christine Cynn)
책임 프로듀서. 시그네 뷔르게 쇠렌센(Signe Byrge Sørensen)
프로듀서. 요람 텐 브링크(Joram ten Brink),
아네 쇤케(Anne Köhncke),
마이클 우웨메디모(Michael Uwemedimo),
조슈아 오펜하이머,
크리스틴 신,
익명의 스태프들
총괄 프로듀서. 베르너 헤어조크(Werner Herzog),
에롤 모리스(Errol Morris),
안드레 싱어(Andre Singer),
요람 텐 브링크,
토르스테인 그루데,
비아르테 뫼르네르 트베이트(Bjarte Mørner Tveit)
촬영. 카를로스 아랑고 데 몬티스(Carlos Arango de Montis),
라르스 스크리(Lars Skree),
익명의 스태프들

편집. 닐스 파그 안데르센,

야누스 빌레스코우 옌센(Janus Billeskov Jansen),

마리코 몽프티트(Mariko Montpetit),

아드리아나 파쇼 – 빌라스 메스트레(Ariadna Fatjo – Vilas Mestre),

샤를로테 뭉크 벵트센(Charlotte Munch Bengtsen),

에리크 안데르손(Erik Andersson)

음향. 군 토베 그뢴스베르그(Gunn Tove Grønsberg),

헨리크 구게 가르노우

음악. 엘린 외위엔 비스테르(Elin Øyen Vister)

공동제작. 피라야필름(Piraya Film)(노르웨이),

노바야젬랴(Novaya Zemlya)(영국) –

스프링필름리미티드(Spring Films Ltd)(영국) 협력

《침묵의 시선》

덴마크, 2014, 파이널컷포리얼

감독. 조슈아 오펜하이머

공동연출. 익명의 스태프들

프로듀서. 시그네 뷔르게 쇠렌센

총괄 프로듀서. 베르너 헤어조크,

에롤 모리스,

안드레 싱어

협력 프로듀서. 아네 셴케,

마리아 크리스텐센(Maria Kristensen),

헤이디 엘리세 크리스텐센(Heidi Elise Christensen),

요람 텐 브링크
촬영. 라르스 스크리
편집. 닐스 파그 안데르센
음향. 헨리크 구게 가르노우
공동제작. 피라야필름(노르웨이),
메이킹무비스(Making Movies)(핀란드),
익명의 스태프들(인도네시아) –
스프링필름리미티드(영국) 협력

《모가디슈 솔저》
노르웨이, 2016, 피라야필름
감독. 토르스테인 그루데(Torstein Grude)
프로듀서. 비아르테 뫼르네르 트베이트
총괄 프로듀서. 조슈아 오펜하이머,
이카 베흐칼라흐티(Iikka Vehkalahti)
촬영. 존 메리 바쿤디마나(John Merry Bakundimana),
베르나르 응타우야마라(Bernard Ntawuyamara)
편집. 닐스 파그 안데르센
음향. 올리 후흐타넨(Olli Huhtanen)
공동제작. 윙맨미디어(Wingman Media)(덴마크),
메이킹무비스(핀란드)

《유랑하는 사람들》
독일, 2017
감독. 아이 웨이웨이(Ai Weiwei)
프로듀서. 아이 웨이웨이,

친 – 친 얍(Chin – chin Yap),
하이노 데케르트(Heino Deckert)

총괄 프로듀서. 다이앤 위예르만(Diane Weyermann),
제프 스콜(Jeff Skoll),
앤드류 코헨(Andrew Cohen)
촬영. 아이 웨이웨이,
무라트 바이(Murat Bay),
크리스토퍼 도일(Christopher Doyle),
황 원하이(Huang Wenhai),
콘스탄티노스 코우코울리스(Konstantinos Koukoulis),
레나트 람베츠(Renaat Lambeets),
리 둥쉬(Li Dongxu),
뤼 헝중(Lv Hengzhong),
마 옌(Ma Yan),
요하네스 발테르만(Johannes Waltermann),
셰 전웨이(Xie Zhenwei),
장 짠보(Zhang Zanbo)
편집. 닐스 파그 안데르센
퍼스트 편집. 메노 부레마(Menno Boerema)
세컨드 편집. 마틴 호프먼(Martin Hoffmann)
보조 편집. 아네 골덴바움(Anne Goldenbaum),
마크 레이놀즈(Mark Reynolds),
모마스 쉬체(Momas Schütze),
데니스 루츠(Dennis Lutz)
음향. 크리스티안 콘래드(Christian Conrad),

도미니크 슐라이어(Dominik Schleier)

음악. 카르스텐 푼달(Karsten Fundal)

각본. 보리스 체시르코프(Boris Cheshirkov),

팀 핀치(Tim Finch),

친 – 친 얍

역자 후기

닐스 파그 안데르센은 책에서 자신이 편집을 맡은 영화의 '최초의 관객'이라고 말한다. 단번에 답을 파악하려하는 것이 아니라 마음을 열고 눈앞의 영상을 경험하는 것이 그의 역할이라는 가르침을 덧붙인다. 최초의 관객은 앞으로 탄생할 영화적 경험을 좌우할 수도 있는 막중한 임무를 갖기도 한다. 경우는 조금 다르지만, 번역가는 어느 원서의 한국어판을 읽는 '최초의 독자'라는 생각이 든다. 나 역시 열린 마음과 무거운 책임감과 설레는 호기심을 안고 이 책을 먼저 읽은 사람으로서, 부족하게나마 몇 자의 말을 덧붙여보고자 한다.

영화가 끝난 후 마지막에 한참을 올라가는 크레디트 화면을 볼 때면 '내가 두 시간 동안 보고 들은 저 이야기가 이렇게 많은 사람의 손을 거쳐 완성되었구나' 하는 놀라운 마음이 든다. 흔히 영화는 '감독의 예술'이라고들 하지만, 각자의 역할을 충실히 수행해내는 스태프들이 없다면 영화는 존재하지 않을 것이다. 그럼에도 웬만한 영화 애호가가 아니고서야 영화에 참여하는 편집, 음향, 녹음 기사, 그래픽 디자이너 들을 속속들이 알기는 쉽지 않다.

다큐멘터리를 전문으로 상영하는 영화제에서 근무하며 완성되지 않은 작품의 스크리너를 볼 일이 많았다. 영화제에서는 최초로 공개되는 작품이 많고, 빡빡한 개최 일정에 맞추기 위해 아직 편집이 완료되지 않았지만, 대략적인 구성과 얼개가 잡힌 상태(러프 컷) 혹은 화면을 자르고 붙이는 일 자체는 완료되었지만 색보정이나 그래픽 디자인 등의 후반 작업이 남아있는 상태(픽처 락)로 출품된 작품들이 있다. 그후 영화제에서 작품을 초청하기로 정하면, 상영 전까지 많은 자원이 투입되어 작품이 완성된다.

　　이렇게 편집 중인 작품의 여정을 따라가다 보면 러프 컷의 여러 버전과 완성본이 크게 달라지는 작품이 더러 있다. 러닝타임이 줄면서 영화의 호흡이 더욱 간결하게 정돈되는 경우, 장면의 순서가 바뀌면서 이야기의 중심이 옮겨간 경우, 드러나는 감정의 진폭이 큰 장면을 덜어내어 전체 영화가 오히려 여운을 남기게 된 경우 등등. 존재하는 현실을 담은 영상이라는 점에서는 다를 것이 없지만, 드넓은 실상을 마주보고 앉아 그중에서 어떤 부분에 주목할 것인지, 어떤 순서로 이야기할 것인지를 제한된 사각형 프레임 안에 담아내는 작업은 그 이면에 자리한 시선과 방법론에 따라 완전히 다른 경험을 만들어낼 수 있다. 다큐멘터리 영화에서 편집이 갖는 커다란 의미와 중요성을 실감할 수 있었던 경험이었다.

　　닐스 파그 안데르센은 40년 경력의 베테랑 편집감독으로, 무려 250편이 넘는 영화의 크레디트에 이름을 올렸다. 그가 참여한 영화 다수가 베니스국제영화제를 비롯한 유수의 영화제에서 상을 받거나 아카데미상 후보에도 올랐지만, 아쉽게도 해외 다큐멘터리가 가진 적은 시장성 때문인지 국내에 소개된 작품은 많지 않다. 그중 조슈아 오펜하이머 감독의 《액트 오브 킬링》과 《침묵의 시선》은 정식으로 국내에서 개봉되었고, 피리오 홍카살로 감독이나 아이 웨이웨이 감독의 작품은 몇몇 국내 영화제에서 소개되어 적게나마 한국의 관객들을 만날 기회가 있었다. 하지만 그가 책에서 다루는 다른 작품들을 찾아보기는 쉽지만은 않다. 그런 다큐멘터리의 배급 사정을 잘 아는 저자가 해당 작품의 클립과 더불어, 감독과 나눈 대화를 영상 자료로 따로 제공하는 것은 반가운 일이다.

　　안데르센은 십 대 시절부터 영화에 푹 빠져 오직 이 길만을 꿈꿨다고 한다. 무작정 덴마크의 거장 편집감독을 찾아가 일을 시켜달라고 조르던 청년이 지금은 세계 곳곳에서 일하고 강연을 하는 지위에 오른 것이다. 오랜 시간에도 식지 않은 그의 열정은 놀라울 따름이다. 계속해서 같은 일을 하다보면 일이 익숙해지고 쉬워지는 만큼 매너리즘에 빠지기도 쉽기 때문이다.

　　물론 강의, 강연, 자문 등의 '부업'도 활발하게 해오고 있지만, 그가 쓴 글을 읽다보면 안데르센은 무엇보다도 편집 작업 그 자체에서 일의 기쁨을 발견하는 사람 같다. 어떻게 그 많은 세월 동안 하나의 직업을 지켜왔을까? 책을 번역을 하는 내내 개인적으로는 이런 물음표가 따라붙었다. 'N잡'이 익숙한 일상이 된 요즘 세대에겐 그야말로 미스터리 같은 일일 것이다.

　　저자는 스스로 밝히듯 극영화로 경력을 시작했지만 알코올 중독과 슬럼프에 빠져있던 시기를 지나며 자신에게 '꼭 맞는' 영화는 다큐멘터리임을 깨달았다. 정해진 대본에 따라 촬영된 푸티지를 이야기에 맞게 편집하는 일보다는(물론 극영화도 실력자들의 손을 거쳐 편집 단계에서 많은 부분이 새롭게 탄생하거나 더욱 훌륭한 장면으로 진화하기도 한다.) 산처럼 쌓인 자료들을 마주하고, 감독과 대화하며 방향을 잡고, 뒤엉켜 존재하는 무수한 이야기들 중 영화로 전달할 하나의 이야기를 찾아내어 쌓아올리는 일에서 저자는 커다란 예술적 자유를 선사받았다고 말한다.

　　그런데 그의 여정에 대한 이야기를 한 챕터, 한 챕터 넘길 때마다 그가 얻은 것이 더 큰 자유만은 아니었음을 짐작할 수 있었다. 그리고 그것이 바로 긴 커리어의 비밀일지도 모르겠다. 안데르센은 일에서 매번 새로운 것을 발견하고 배우고 변화해왔다. 물론 세상 구석구석에서 세심한 눈으로 담아온, 다양한 주제의 방대한 푸티지를 접하다보면 몰랐던 것을 접하기 마련이다.

하지만 누구나 거기에서 배움을 찾아내는 것은 아닐 테다. 어쩌면 좋은 편집자는 그런 '배움의 재능'을 가진 사람이 아닐까.

책에서 다루는 여러 영화 사례는 그런 그의 재능을 잘 보여준다. 관찰 다큐멘터리, 내러티브적 다큐멘터리, 시리즈물, 사회적 논쟁을 불러일으키는 방법론을 사용한 작품, 아마추어 푸티지로 만든 작품 등, 안데르센은 각각의 영화에 대한 새로운 접근과 새로운 생각을 이끌어내야 했다. 이전에 배운 것들을 잊어버리고 자신 안에 있던 편견을 마주보고 새로운 깨달음을 쌓아가는 과정을 반복해야 했다. 베테랑도 매번 배울 것이 있다는 사실을, 과거의 지식을 갱신하고 끊임없이 다른 방법을 찾아야한다는 사실을, 이 책은 구체적으로 보여준다.

새로운 프로젝트는 새로운 문제를 제시한다. 그런데 놀라운 점은 그때마다 해결책은 편집 방식이나 테크닉, 감독의 결단, 관객의 피드백에서 오기에 앞서, 작업하는 사람이 지닌 인간에 대한 이해로부터 나왔다는 사실이다. 안데르센이 작업의 대상을 진정으로 이해하려고 할 때, 막다른 길은 다른 문을 열어주었다. 인간의 본질을 파악하고 영화를 통해 그것을 우회하거나 적극적으로 이용하여 타인의 마음에 다다르려는 시도. 우리가 살아가는 세상의 여러 모습을 직시하고 영화 안에 그것을 가능한 한 바르게 표현하기 위해 갈등과 고민을 거듭하는 과정. 이것들이 그의 배움의 근원이다.

그는 《비행 – 자유 여인의 고백》을 작업하며 여성의 삶과 아픔에 공감하는 법을 배웠고, 《액트 오브 킬링》이나 《침묵의 시선》이라는 동전의 양면 같은 작품을 만들며 가해자를 인간으로 바라보는 법, 피해자의 존엄을 지키는 법을 배웠다. 《우울한 방 세 개》나 《모가디슈 솔저》에서는 주류 매체에서 비추지 않았던 전쟁의 다른 얼굴을, 그 얼굴에 알맞은 목소리를 주는 방법을 배웠다. 그는 단지 영화 만들기에 대해서 깨우쳐왔던 것이 아니라 타인에 대해서, 인간에 대해서, 인간으로 산다는 것에 대해서 시야를 넓혀왔던 것이다.

안데르센에게 다큐멘터리 편집이란 세상과 만나고, 인간을 이해하고, 함께 살아가는 법을 배우는 방식이다. 그것이 곧 다큐멘터리의 조건이며, 현실과 교감하며 스스로를 발전시킬 기회를 주는 이 매력적인 형식의 힘임을 저자는 믿는다. 그의 굳은 믿음은 관객으로 하여금 조금 더 서로를 이해하게 만들고, 조금 더 나은 세상을 꿈꾸도록 한다. 이것이 40년간 지켜온 직업의 비결이며, 그가 발견한 다큐멘터리의 특별함이 아니었을까.

이 책은 2021년에 출간된 그의 첫 저서 《Order in Chaos》의 한국어판으로, DMZ국제다큐멘터리영화제의 기획으로 발간되었다. 영화제는 저자인 안데르센을 초청해 마스터클래스를 열고, 책에서 다룬 조슈아 오펜하이머 감독의 《액트 오브 킬링》과 아이 웨이웨이 감독의 《로힝야》를 특별 상영하기도 했다. 다큐멘터리의 특별함에 매료되어 평생을 헌신한 편집감독의 강연을 듣고 거장의 눈을 통해 작품을 감상할 드물고 귀중한 시간을 기억하거나 아쉽게 놓쳐버린 이들에게 이 책이 좋은 동반자가 되기를 바란다. 세월을 거슬러 빛나는 안데르센의 눈과 열정이 가득한 목소리의 다큐멘터리 찬가가 이 책에는 가득하다.

MNAGEWDE

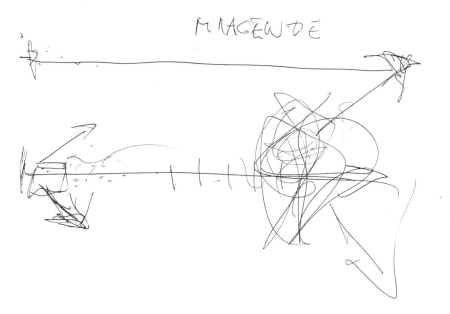

www.orderinchaosbook.com

이 책에서 다룬 영화의 편집 영상, 닐스 안데르센과 감독들이 나눈
대화가 수록된 전자책을 위의 링크에서 구매하실 수 있습니다.